HISTOIRE
DU
PROCÈS LESURQUES

PAR

ARMAND FOUQUIER

EXTRAIT DES

CAUSES CÉLÈBRES

DE TOUS LES PEUPLES

PARIS

LEBRUN ET Cⁱᵉ, LIBRAIRES-ÉDITEURS

8, RUE DES SAINTS-PÈRES

1859

HISTOIRE

DU

PROCÈS LESURQUES

Paris. — Typographie de Firmin Didot frères, fils et Cie, rue Jacob, 56.

HISTOIRE

DU

PROCÈS LESURQUES

PAR

ARMAND FOUQUIER

EXTRAIT DES

CAUSES CÉLÈBRES

DE TOUS LES PEUPLES

PARIS

LEBRUN ET Cᵢₑ, LIBRAIRES-ÉDITEURS

8, RUE DES SAINTS-PÈRES

1859

AVANT-PROPOS.

Ce livre n'est pas un Mémoire en faveur de Lesurques, au profit de sa famille. C'est un simple récit, emprunté à notre collection des *Causes célèbres*. Nous avons dû plus souvent raconter que discuter, et si notre opinion s'est produite, c'est qu'elle naissait invinciblement des faits. Notre opinion, d'ailleurs, est celle de l'humanité tout entière : notre voix ne dit que ce que dit la voix de tous, et si quelques notes discordantes se sont fait entendre à de rares intervalles, ces contradictions isolées n'ont fait que mieux ressortir l'accord général des consciences.

Si ce récit, scrupuleusement extrait des pièces du procès et des documents que nous a confiés la famille Lesurques (1), peut aider en quelque chose à la réparation de l'injustice, nous nous croirons assez récompensé. Nous aurons, après

(1) Ajoutons à ces sources les récits souvent entendus, que nous a faits de cette triste et longue affaire un honnête homme, M. Louis Méquillet. Depuis tantôt quarante ans, cet admirable vieillard, ami dévoué de la famille Lesurques, subrogé-tuteur aujourd'hui des cinq petits-enfants du martyr, a consacré tous ses moments, toutes ses pensées, à l'œuvre de réparation qu'il poursuit encore à cette heure.

AVANT-PROPOS.

les Daubanton, les Salgues, les Sirey, les Bertin, les Laboulie, apporté notre pierre au temple de la Thémis chrétienne, *la Justice sans bandeau*.

La réparation a commencé pour la famille Lesurques; mais la réparation n'existe vraiment que lorsqu'elle est complète. Tant qu'un centime de la fortune volée à l'innocent souillera la fortune publique, il se trouvera des honnêtes gens pour protester. Le juge, pénétré d'un respect légitime pour la chose jugée, pourra répondre, en montrant et l'arrêt qui condamna Lesurques, et la loi qui ne permet pas de briser cet arrêt. Mais l'Opinion, cette souveraine, a cassé l'arrêt coupable, et si la loi est impuissante à réparer, l'Opinion dit : Changez la loi.

Le législateur consulté a répondu, répondrait encore sans doute : Il faut changer la loi. Mais, nous avons cette confiance, celui qui préside aux destinées de la France ne voudra plus que ce vœu demeure stérile. L'Empereur, dont la famille Lesurques implore en ce moment la bonté et la justice, fera cesser enfin ce long scandale de soixante-trois ans.

Armand FOUQUIER.

TABLE DES MATIÈRES.

Chapitre I. — Les erreurs judiciaires. La justice et l'opinion. Nécessité de la réparation. . . . . . . 1 à 4

Chap. II. — Les Faits. Assassinat du courrier et du postillon de la malle de Lyon. Vol des dépêches et valeurs. Premiers indices. Première enquête; ses résultats. . 5 à 11

Chap. III. — Première trace des coupables, les chevaux retrouvés. Le voyageur de la malle. Importance du vol. Arrestation de Courriol; graves indices de sa culpabilité. Présomptions contre Guesno et Golier. L'instruction à Paris. Guesno et Golier renvoyés de la poursuite. 12 à 16

Chap. IV. — Guesno et Lesurques au Bureau central. Les témoins de Lieursaint et de Montgeron. Guesno et Lesurques reconnus. Hésitations du juge, insistance des témoins. Ressemblance des signalements. Arrestation de Lesurques et de Guesno. . . . . 17 à 20

Chap. V. — L'Instruction. Enquête faite par le juge Daubanton. Explications données par Lesurques; témoignages en sa faveur. Explications données par Guesno. Leur arrestation maintenue. Culpabilité évidente de Courriol. La procédure de Paris cassée; renvoi devant le Tribunal criminel de Melun. Acte d'accusation. . . . . 21 à 50

Chap. VI. — Le Jugement. Renvoi devant le Tribunal criminel de Paris. Le président Gohier. Charges contre Lesurques; ses réponses, son attitude. Ouverture des débats; situation faite aux accusés. Les témoins à charge contre Lesurques. Les témoins à décharge; *alibi*; incident du registre de Legrand; intimidation exercée sur les témoins, prévention et partialité. Résumé du Président. Questions posées au jury. Révélations de la Bréban; Gohier les repousse. Le verdict et le jugement; protestation de Lesurques; déclarations de Courriol. Il n'est plus temps. . . . . 51 à 81

Chap. VII. — Pourvoi. Déclarations nouvelles de Courriol; nouveaux témoins entendus. Inscription en faux contre le procès-verbal; suite de l'incident Legrand. Rejet du pourvoi. Requête au Directoire; message du Directoire aux Cinq-Cents. Lettre et Mémoire de Courriol. Rapport de la commission des Cinq-Cents; ordre du jour. Adieux de Lesurques à sa famille et à ses amis, Courriol atteste l'innocence de Lesurques. . . . . 82 à 105

TABLE DES MATIÈRES.

Chap. VIII. — La famille de Lesurques; séquestration de ses biens par le Domaine public; état de cette fortune. Legrand, la mère et la veuve de Lesurques frappés de folie. Arrestation de Durochat; aveux; condamnation. . 106 à 119

Chap. IX. — Renseignements envoyés à M. Siméon sur Dubosc; il n'en tient aucun compte. Dubosc recherché, arrêté. Confrontation de Vidal et de Dubosc avec les témoins à charge contre Guesno et Lesurques. Durochat ne reconnaît pas Dubosc; révélations de Richard. Acte d'accusation contre Vidal et Dubosc. Rejet du pourvoi de Durochat; derniers aveux; exécution. Dubosc confronté. Demande d'extraction de Richard du bagne; lettre du ministre de la justice. Evasion de Vidal et de Dubosc. Dubosc repris; il s'évade de nouveau. Vidal repris, condamné, exécuté. . . . . 120 à 145

Chap. X. — On retrouve la trace de Dubosc. Perquisition chez Claudine Barrière; découverte du domicile de Dubosc; son arrestation. Reprise de la procédure; disparition de pièces importantes. Dubosc reconnu par plusieurs témoins. Attitude de l'accusé; perplexités des témoins de Montgeron et de Lieursaint; un seul rétracte son témoignage. Défense de Dubosc; sa condamnation, son exécution. On retrouve la piste de Roussy; son extradition obtenue. Sa condamnation, son exécution; sa déclaration suprême en faveur de Lesurques. . . . . . 146 à 158

Chap. XI. — Tentatives pour obtenir la réhabilitation. Demande de communication de pièces, rejetée. Rapport de M. Giraudet, rejet de la requête; nouvelle requête, fin de non-recevoir. Pétition aux Chambres. Décision du garde des sceaux. Rapport de M. de Valence et de M. de Floirac. Mémoire de M. Salgues. . . . . . 159 à 174

Chap. XII. — Rapport de M. Zangiacomi, son caractère. Le système des sept assassins, sa valeur; erreurs et assertions fausses: conclusions adoptées par le Conseil d'Etat; réfutation par M. Salgues. Réparation financière, premier secours, première indemnité. Réclamation Folleville, procès, triomphe des héritiers Lesurques. Nouvelles pétitions aux Chambres; nouvelle liquidation; Mémoire de M. Sirey. Pétitions à l'Assemblée législative; rapports Laboulie et Canet. M. Bertin. . . . . . 175 à 208

FIN DE LA TABLE DES MATIÈRES.

HISTOIRE
DU
PROCÈS LESURQUES

CHAPITRE I.

Les erreurs judiciaires. — La justice et l'opinion. — Devoirs du juge en cas d'erreur ; nécessité de la réparation.

On raconte qu'au temps de la plus grande puissance de Venise, un noble Vénitien tomba, pendant la nuit, frappé au cœur d'un coup de stylet. Le crime avait été commis à quelques pas de la maison d'un boulanger. Les soupçons se portèrent sur cet homme, connu pour son caractère querelleur et violent. Le podestat fit une perquisition chez le boulanger, et trouva une gaîne qui s'adaptait parfaitement au stylet resté dans la blessure. L'indice suffit aux juges : le boulanger fut condamné à mort et périt dans les plus affreux supplices.

Peu de temps après, le véritable assassin fut signalé, arrêté, avoua son crime.

L'innocence du malheureux boulanger était reconnue; mais l'innocence de la justice ne pouvait l'être que par une éclatante réparation. Tout le monde le comprit, Doge, Conseil des Dix, Inquisiteurs d'Etat, Conseil des Pregadi, Tribunal de la Quarantie. De tous ces grands pouvoirs, uniquement composés de nobles, une voix unanime s'éleva pour la reconnaissance de l'erreur, pour la réparation de l'involontaire injustice. La république se déclara tutrice des enfants du pauvre homme; la religion effaça son crime prétendu par des prières expiatoires et une messe perpétuelle fut fondée pour le repos de son âme; les juges qui avaient eu le malheur de porter cette sentence prirent le deuil; et dans la salle des audiences criminelles furent inscrites ces paroles, avertissement toujours présent pour les juges futurs : RICORDATEVI DEL POVERO FORNARO (*Souvenez-vous du pauvre boulanger*) !

L'homme a soif de vérité, il a faim de justice; mais l'infirmité de sa nature le condamne trop souvent à l'erreur, et l'erreur, en matière de jugements, c'est la plus déplorable des injustices. Si une erreur de ce genre a été commise, il n'en faut accuser d'abord que la condition même de l'homme; mais, aussitôt que cette erreur est prouvée, il la faut reconnaître, il la faut réparer. C'est par là seulement que l'homme se relève, et c'est en confessant sa faiblesse qu'il retrouve sa grandeur. Si, au contraire, il cherche à dissimuler sa faute, l'erreur change de nom, devient injustice, et le juge, qui n'avait été qu'égaré, devient coupable.

Vous me dites l'histoire de ce pauvre boulanger, condamné, exécuté pour un autre. Mon sentiment inné de justice se révolte ; je plains le juge encore plus peut-être que l'innocent ; mais le juge est homme, et je n'accuse en lui que l'humanité, non la loi ni la justice. Que si le juge ouvre enfin les yeux, s'il publie son erreur, s'il la répare, s'il l'inscrit comme une leçon salutaire au sanctuaire de la loi, tout est effacé ; ma faim de justice est satisfaite, et je sens renaître en moi, plus vifs et plus absolus que jamais, ma confiance et mon respect pour la loi et pour le juge.

Souvenons-nous donc toujours du pauvre boulanger, et si, dans notre histoire judiciaire, se montre quelque erreur de ce genre, n'allons pas croire qu'il la faille couvrir d'un voile et que la justice puisse être intéressée au refus de la réparation. Que dirions-nous aujourd'hui des juges de Venise s'ils n'avaient ni proclamé ni réparé leur erreur ?

Lorsqu'un doute s'élève contre la justice humaine, lorsqu'une accusation se fait entendre contre la loi et contre ses interprètes, ce n'est pas le nom du pauvre boulanger qu'on évoque, c'est le nom de Lesurques. L'opinion du monde entier croit à l'innocence de cet homme; et comme, s'il y a eu erreur dans le jugement porté contre lui, l'erreur, après soixante ans et plus, n'est point encore réparée, la conscience de l'humanité n'accuse plus de sa condamnation tels juges trompés, mais la justice elle-même.

L'opinion de plusieurs n'est pas plus infaillible que l'opinion d'un seul, et ce n'est pas nous qui dirons : Voix du peuple, voix de Dieu. Ce n'est donc pas dans le cri général de l'opinion, mais dans les faits de la cause, que nous irons chercher les preuves de l'innocence ou de la culpabilité de Lesurques. Ces faits, nous allons les rapporter minutieusement, scrupuleusement, trivialement, nous gardant de tout enjolivement de récit, de toute intention pittoresque. Un seul mot, un seul fait qui ne sortirait pas des pièces mêmes du procès, en matière aussi grave, serait un mensonge.

CHAPITRE II.

Les Faits.

Assassinat du courrier et du postillon de la malle de Lyon. — Vol des dépêches et valeurs. — Premiers indices. — Première enquête ; ses résultats.

Le 9 floréal an IV (28 avril 1796), à quatre heures et demie du matin, des paysans se dirigeant vers le pont de Pouilly, commune de Vert, canton de Boissise-la-Bertrand, arrondissement de Melun, virent au lieu dit *le Closeau*, près de la *Fontaine-Ronde*, une voiture qui semblait abandonnée à l'entrée d'un petit bois. Dans cette voiture, une sorte de chaise ouverte en cabriolet, ayant par derrière un coffre élevé, ils reconnurent la malle qui faisait le service des dépêches entre Paris et Lyon. Un des deux chevaux était encore attelé à la voiture ; l'autre manquait, celui de volée. A quelques pas de là gisait un cadavre, celui du postillon. Autour de la malle étaient répandus sur l'herbe des papiers ensanglantés. Plus loin, près du pont de Pouilly, un autre cadavre était couché : c'était celui du courrier de la malle.

Les paysans coururent à Lieursaint, le bourg le plus voisin, raconter leur découverte. Le maître de poste de l'endroit, le citoyen Duclos, était déjà sur le pas de sa porte, inquiet de ses deux chevaux et du postillon qui avait emmené la malle sur Melun, la veille au soir. Au premier mot, il sauta sur un cheval tout sellé, qu'on lui tenait prêt pour aller à Melun chercher des nouvelles de son postillon et de ses chevaux.

Le lieu désigné par les paysans comme le théâtre du crime était situé à trois quarts de lieue environ de Lieursaint, à une centaine de pas de la route de Lyon, entre les deux auberges de la *Fontaine-Ronde* et du *Commissaire-Général*. En moins de dix minutes, le citoyen Duclos arrivait au Closeau, et y voyait en effet la malle abandonnée, un de ses deux chevaux encore attelé, le cadavre du postillon Etienne Audebert, et, plus loin, celui du courrier Excoffon. Duclos envoya aussitôt un postillon à Melun pour instruire du crime l'accusateur public de cette ville. Le directeur du jury commit, sans tarder, à l'instruction, le juge de paix de Boissise-la-Bertrand, et, ce magistrat se trouvant malade, il en chargea le juge de paix de Melun. Tous deux se transportèrent sur les lieux.

Le spectacle qu'ils y virent était affreux. Le cadavre du malheureux postillon était haché : le crâne avait été fendu d'un coup de sabre ; la poitrine était percée de trois plaies énormes ; une main avait été abattue. Autour de cette première victime, l'herbe foulée gardait la trace de pas nombreux et révélait une vigoureuse résistance.

A quelques pas de là, on trouva une houppelande grise, bordée d'un liséré bleu foncé, qui n'avait appartenu ni au postillon, ni au courrier. Près de la houppelande, un sabre cassé et son fourreau. La lame, rougie de sang par places, portait pour devise, d'un côté : *L'honneur me conduit;* de l'autre : *Pour le salut de ma patrie.* On trouva encore dans l'herbe un second fourreau de sabre, une gaîne de couteau à découper, un éperon argenté à chaînons, raccommodé avec du gros fil.

Les magistrats, s'avançant ensuite vers le pont de Pouilly, virent le corps d'Excoffon. Le col portait deux piqûres profondes, faites par un instrument à lame tranchante et effilée ; la trachée-artère avait été complétement divisée. Le corps était percé de trois autres coups du même instrument.

Les deux cadavres étaient rigides, et le crime avait dû être commis plusieurs heures auparavant, sans doute la veille au soir, vers neuf heures, une demi-heure environ après le relai de Lieursaint. Sous le pont de Pouilly on trouva les grosses bottes du postillon, dont une pleine de sang.

Mais tout indiquait que ces assassinats n'avaient été commis qu'en vue d'un vol. On n'eut pas de peine à s'en assurer. Parmi les lettres et les papiers épars on trouva la feuille d'Excoffon; l'empreinte sanglante d'un doigt, qui y était marquée par places, montrait qu'un des meurtriers avait fait l'appel des objets indiqués comme remis au courrier, pendant que ses complices, sans doute, cherchaient et ouvraient les paquets. La feuille portait cent douze dépêches ou paquets, dont trente pour la route de Lyon à Marseille; la plupart des paquets étaient éventrés. La feuille constatait une remise de 10,000 fr. en numéraire et de plusieurs millions en assignats. Rien ne s'en retrouva dans la malle.

Une enquête fut immédiatement ouverte. Les brigadiers de gendarmerie Huguet et Paumard parcoururent toute la route qu'avait suivie la malle, depuis Paris. Voici ce qu'ils recueillirent :

Jean Chartrain, postillon du citoyen Duclos, à Lieursaint, conduisant, le 8 floréal, à six heures du soir, une voiture à deux chevaux, avait vu quatre hommes à cheval à une demi-lieue de Lieursaint, *venant de Melun.* A son retour, il avait rencontré, à peu près au même endroit, un des quatre hommes revenant du même lieu au galop. Les trois autres étaient au parc du Plessis et allaient au pas.

La citoyenne *Champeaux,* cabaretière à Lieursaint, avait vu quatre individus qui étaient descendus de cheval à sa porte et avaient bu chez elle. Après leur départ, un d'eux était venu chercher son sabre, qu'il avait oublié dans l'écurie.

Sureau, aubergiste à Lieursaint, avait vu les quatre cavaliers, vers sept heures du soir.

La citoyenne *Évrard*, aubergiste à Montgeron, bourg plus rapproché de Paris, avait reçu chez elle à dîner quatre cavaliers. Elle décrivait ainsi leurs costumes : l'un, *habit de drap gris-bleu* (1), chapeau à trois cornes, cheveux noirs à la jacobine ; l'autre, *habit bleu clair, gilet rouge*, chapeau à trois cornes ; le troisième, *redingote carmélite*, cheveux bruns à la jacobine ; le quatrième, *habit gris blanc*, sabre monté en cuivre.

La citoyenne *Châtelain*, limonadière à Montgeron, avait vu aussi les quatre cavaliers.

La fille *Grosse-Tête*, servante chez Évrard, la fille *Santon*, servante chez la citoyenne Châtelain, et *Lafolie*, garçon d'écurie d'Évrard, avaient remarqué ces quatre voyageurs à cheval.

Un peu plus loin que Montgeron, toujours en se rapprochant de Paris, un marchand de peaux de lapins, de Meaux, et un autre marchand, de la Fère-Champenoise, avaient rencontré les quatre cavaliers.

Un serrurier, officier de la garde nationale, de garde à Villeneuve-Saint-Georges, avait vu, dans la voiture des dépêches, un individu *habit de drap gris blanc*, culotte pareille, *chapeau à trois cornes*, taille de cinq pieds trois pouces, cheveux et barbe noirs, *visage maigre*.

(1) Tous les mots *en italiques* doivent être l'objet d'une attention particulière ; chacun des détails sur lesquels nous appelons ainsi le regard aura plus tard une grande importance.

1.

Le citoyen *Gillet,* inspecteur des postes, avait remarqué aussi un homme monté dans la voiture des dépêches, taille cinq pieds trois pouces environ, *figure pleine* et brune, *redingote brune mélangée,* chapeau rond, âgé d'environ quarante-huit ans.

Le juge d'instruction de Paris entendit une citoyenne *d'Olgoff,* parente du malheureux Excoffon, qui avait assisté au départ de la malle. Elle avait vu aussi l'inconnu qui avait pris place à côté du courrier; il était vêtu d'une *houppelande bordée de laine noire.*

Il résultait de ces recherches deux faits évidents : l'un, que quatre hommes à cheval avaient été vus sur toute la route de Paris à Lieursaint, dans l'après-midi du 8 floréal, se promenant, revenant sur leurs pas, en flâneurs non en voyageurs, se montrant jusqu'à Lieursaint, invisibles au delà, revus dans la nuit, mais en compagnie d'un nouveau camarade. L'autre fait important, c'était la disparition du voyageur de la malle, voyageur évidemment très-mal observé par les différents témoins, mais qui ne se retrouvait plus à Lieursaint ou au delà. Il devenait très-probable que ce voyageur était un cinquième assassin, et que le cheval de volée de la malle lui avait servi à rentrer dans Paris. En ce cas, la houppelande à liséré bleu foncé, abandonnée sur le lieu du crime, était bien le vêtement que signalait la citoyenne d'Olgoff.

On retrouva encore le volontaire qui montait la garde à la barrière de Rambouillet, entre quatre et cinq heures du matin, le 9 floréal; il avait vu rentrer dans Paris cinq cavaliers, sur des chevaux haletants et fumants. Autre trace du retour des assassins dans Paris : vers quatre heures du matin, entre Villeneuve-Saint-Georges et Maisons, un dragon en station à Melun avait trouvé sur la route un sabre sans fourreau et sans ceinturon ; la lame et la garde de cette arme étaient rougies de sang. Un enfant, de son côté, venait de trouver le ceinturon et le remit au gendarme. Rapproché du fourreau vide ramassé au Closeau, ce sabre s'y adapta parfaitement.

CHAPITRE III.

Première trace des coupables, les chevaux retrouvés. — Le voyageur de la malle. — Importance du vol. — Arrestation de Courriol; graves indices de sa culpabilité. — Présomptions contre Guesno et Golier. — L'instruction à Paris. — Guesno et Golier renvoyés de la poursuite.

Tandis qu'on rassemblait ces indices, la police apprit qu'un cheval sans maître venait d'être trouvé à Paris, près des Minimes de la place Royale (1); ce cheval fut reconnu par Duclos pour être le cheval qui avait été détaché de la malle de Lyon. Enfin on fut mis sur la trace. Un agent apprit que, le 9 floréal, vers cinq heures du matin, quatre chevaux couverts de sueur avaient été conduits, par un certain Étienne, chez l'aubergiste Aubry, rue des

(1) L'acte d'accusation, seul, dit place du Carrousel, d'après le premier récit du *Journal de Paris*. Les inexactitudes nombreuses de ce document nous portent à choisir la version la plus accréditée.

Fossés-Saint-Germain-l'Auxerrois; à sept heures environ, Étienne était venu les reprendre, accompagné d'un de ses camarades nommé Bernard, les avait conduits chez le citoyen Muiron, d'où ils étaient partis la veille. On suivit la piste, et on sut bientôt que cet Étienne se nommait Courriol; qu'il avait logé, avant le 8 floréal, rue du Petit-Reposoir; qu'il avait découché dans la nuit du 8 au 9; qu'il avait disparu de son domicile depuis le crime; qu'il vivait avec une fille, Madeleine Bréban, passant pour sa femme.

En attendant qu'on retrouvât ce Courriol et ce Bernard, on suivit l'autre piste, celle du voyageur de la malle. Celui-là s'était donné pour nom celui de Laborde; il avait payé pour sa place 2,737 livres 10 sous (en assignats); il n'avait ni valise ni effets; il était armé d'un sabre. Avant de partir, il avait dîné avec le courrier Excoffon, et, en montant en voiture, il avait embrassé la citoyenne d'Olgoff. Cette dernière le représentait comme un homme gai, rieur; l'inspecteur Gillet le dépeignait rêveur, inquiet. Le contrôleur du bureau des envois déclara que, le 8 floréal, le courrier de Lyon emportait 10,000 fr. environ en numéraire, sept millions en assignats, pour treize receveurs, et que, depuis longtemps, ses remises ne s'étaient pas élevées à une somme aussi forte. Il était donc probable que les assassins avaient su se renseigner sur l'importance du vol à commettre. Il résulta, en outre, d'une foule de réclamations particulières, qu'Excoffon était encore chargé de cinq à six mille francs en numéraire, d'une grande quantité de promesses, de mandats, de rescriptions, d'assignats, de bijoux, de marchandises. Mais, de ce côté, on ne trouva rien de plus.

Tout à coup, on reprit la piste de Courriol. De la rue du Petit-Reposoir, sa première demeure, il avait été loger avec sa maîtresse, rue de la Bucherie, n° 27, chez un sieur Richard; tous deux y étaient restés jusqu'au 17 floréal (6 mai), s'étaient procuré un passeport pour Troyes et étaient partis dans une voiture de poste. L'homme qui avait fourni cette voiture était un juif de réputation équivoque, David Bernard, se disant colporteur ou marchand forain. Le Richard chez qui Courriol avait logé en dernier lieu se disait également colporteur; sa femme était marchande à la toilette. Tous deux, accompagnés d'un troisième individu du nom de Bruer, avaient fait au couple Courriol la conduite jusqu'à Bondi. Au-dessus de cet endroit, les deux fugitifs s'étaient détournés de la route de Troyes pour se rendre à Château-Thierry, chez un sieur Golier, employé aux transports militaires.

Un agent fut aussitôt expédié à Château-Thierry et y arrêta Courriol et la Bréban. On trouva en leur possession : 1° 1,528 livres en espèces d'argent; 2° 1,680 livres en espèces d'or; 3° 1,142, 200 livres en assignats; 4° 42,025 livres en promesses de mandats; 5° 7,150 livres en rescriptions; 6° une grande quantité de bijoux d'or et d'argenterie absolument neufs. Evidemment on tenait un des cinq assassins; car ces valeurs formaient à peu près le *cinquième* des objets volés.

Où étaient les *quatre* autres? On soupçonna Golier; on soupçonna plus véhémentement encore un sieur Guesno, qu'on trouva aussi logé chez Golier, qui était arrivé la veille de Paris, à Château-Thierry, qui connaissait Courriol, qui, comme Courriol, avait logé à Paris chez Richard. Guesno était, comme Golier, employé aux transports militaires, et de plus commissionnaire de roulage à Douai.

On dirigea immédiatement sur Paris Courriol et la Bréban; quant à Golier et à Guesno, malgré les graves préventions qui s'élevaient sur leur compte, leur honorabilité apparente, leur situation de fortune les sauvèrent d'une mesure définitive. On se contenta de les inviter à se rendre au plus vite à Paris. Comme la chaise de poste qui avait amené Courriol et sa concubine pouvait devenir pièce à conviction, c'est dans ce véhicule qu'ils furent amenés à Paris; Golier et Guesno profitèrent de cette occasion pour obéir à l'injonction qui leur était faite.

Rendus à Paris, on fit perquisition chez Richard, qui devenait de plus en plus suspect; cet homme habitait une maison bourgeoise, ne tenait point hôtel garni, et cependant il avait logé Courriol, il avait logé Guesno.

On se contenta de mettre les scellés sur les papiers de Guesno, dans la chambre qu'il habitait chez Richard.

Le Bureau central de la police avait confié, à Paris, l'instruction de l'affaire au juge de paix de la section du Pont-Neuf, le citoyen Daubanton, homme actif, sévère, perspicace. Cet officier de police judiciaire se hâta de recueillir et d'appeler à lui les témoins, d'interroger les prévenus.

A première vue, il s'aperçut que Guesno ne pouvait être mis en cause. Guesno expliquait sa présence chez Richard et chez Golier de la façon la plus naturelle. Commissionnaire de transports, il avait eu à faire passer de Douai à Paris, pour le compte de l'agence monétaire, trois caisses d'argenterie, qui avaient été détournées par un voiturier infidèle. Attaqué en garantie, il s'était mis à la poursuite de son voleur, et, n'ayant que peu de temps à passer à Paris, il avait accepté l'offre d'un logement provisoire que lui faisait Richard, son compatriote. Forcé de se rendre à Château-Thierry pour affaires de son industrie, il avait été loger chez son compatriote Golier, qui exerçait dans cette ville une industrie semblable à la sienne. Guesno, d'ailleurs, justifia de sa situation et de ses ressources de la manière la plus satisfaisante, et le citoyen Daubanton le renvoya de la poursuite, ainsi que Golier, avertissant Guesno que ses papiers lui seraient rendus le jour suivant.

CHAPITRE IV.

Guesno et Lesurques au Bureau central ; ce qu'ils y viennent faire. — Les témoins de Lieursaint et de Montgeron. — Guesno et Lesurques reconnus par deux témoins. — Hésitations du juge, insistance des témoins. — Ressemblance des signalements. — Nouvelles présomptions contre Lesurques. — Arrestation de Lesurques et de Guesno.

Le lendemain donc, Guesno se rendait au Bureau central pour reprendre ses papiers, lorsqu'il rencontra un sien compatriote et ami, qu'il n'avait pas vu depuis quelques jours, le citoyen Lesurques. Tout plein de ses tribulations des jours précédents, Guesno les raconta, chemin faisant, à Lesurques. Les deux compatriotes arrivaient devant le Bureau central, que Guesno n'avait pas encore terminé son récit. — « Venez avec moi jusque dans le bureau du citoyen Daubanton, dit Guesno ; j'achèverai de vous mettre au courant de mon aventure. » Lesurques n'avait pas le temps; d'ailleurs, la sentinelle ne laisserait pénétrer, comme d'habitude, que les personnes munies d'une assignation ou d'une carte spéciale. Guesno insista, disant qu'il n'en avait que pour quelques minutes, le temps de reprendre ses papiers; et puis, il n'y avait qu'à entrer pendant que la sentinelle tournerait le dos à la porte.

Lesurques se laissa persuader; les deux amis entrèrent.

Dans la pièce qui servait d'antichambre au cabinet du juge de paix, se trouvaient une vingtaine de personnes qu'à leur costume on reconnaissait pour des paysans des environs de Paris. C'étaient les témoins de Lieursaint et de Montgeron, que le citoyen Daubanton devait interroger ce jour-là même. Guesno et Lesurques prirent place sur un banc; Guesno, attendant son tour, reprit son récit interrompu. Aux premiers mots qu'il prononça, de courrier de Lyon, d'assassinat, de vol, deux des témoins tournèrent la tête vers les nouveaux venus, laissèrent échapper un geste d'effroi et se parlèrent à l'oreille, sans quitter des yeux Lesurques et Guesno. Ces deux témoins étaient les deux servantes de Montgeron, la Santon et la Grosse-Tête.

Le moment vint, pour ces deux femmes, de passer dans le cabinet du juge; quelques instants après, un officier de police, le sieur Heudon, sortit du cabinet, considéra attentivement les deux amis, et, s'approchant de Guesno, l'avertit que le citoyen juge le demandait, lui et le citoyen qui l'avait accompagné. Lesurques s'étonna, mais tous deux se hatèrent d'entrer.

Le magistrat les fit asseoir près de la fenêtre, en face des deux femmes, et leur adressa à tous deux, d'un air investigateur et d'un ton sévère, quelques questions oiseuses. Les deux femmes, cependant, ne cessaient de les regarder avec attention. Puis, le citoyen Daubanton dit aux deux amis de retourner dans la salle d'attente.

Ils le firent, ne comprenant rien à cette scène étrange. Resté seul avec les deux femmes, le citoyen Daubanton leur dit : — « Eh bien ! croyez-vous encore que ces deux hommes soient deux des assassins de Lieursaint? — Oui, citoyen juge, répondirent-elles ; ce sont là deux des quatre cavaliers qui ont dîné chez la citoyenne Evrard et pris le café chez la citoyenne Châtelain. — Faites bien attention à ce que vous dites, reprit le juge; de ces deux hommes, l'un a été soupçonné, et rien ne le forçait, s'il était coupable, à revenir ici; l'autre, le blond, n'a jamais été mis en cause, et sa présence ici serait encore plus inexplicable. Les scélérats ne viennent pas, d'ordinaire, au bureau de police après avoir commis un crime. » Les deux femmes persistèrent; elles les reconnaissaient bien tous deux ; elles reconnaissaient peut-être plus certainement encore le grand blond, qui était Lesurques.

Le citoyen Daubanton fit rentrer Guesno et Lesurques, et, cette fois, les confronta avec leurs accusatrices. Tous deux parurent surpris de cette confrontation dont le sens leur échappait. Quand on les eut fait retirer encore, le juge recommanda une dernière fois aux deux femmes de bien réfléchir, de penser aux conséquences terribles d'une méprise; elles insistèrent. Le juge alors, craignant de manquer de prudence, fit demander les signalements recueillis par les gendarmes de Lieursaint et de Melun. Deux de ces signalements paraissaient se rapporter à Guesno et à Lesurques; ce dernier surtout semblait devoir être le grand blond dont parlaient tous les témoins.

Le juge Daubanton ordonna à Lesurques d'exhiber ses papiers. Lesurques, bien que né à Douai et établi à Paris depuis un an seulement, n'avait ni passeport ni carte de sûreté; car il reconnut que la carte de sûreté qu'il avait dans son portefeuille n'était pas la sienne, bien qu'elle portât son nom, mais celle de son cousin; il avait, en outre, une autre carte de sûreté en blanc; nouvelle et forte présomption contre cet homme.

Il n'y avait plus à hésiter; on les arrêta tous deux.

CHAPITRE V.

L'Instruction.

Enquête faite par le juge Daubanton. — Explications données par Lesurques; témoignages en sa faveur. — Explications données par Guesno. — Leur arrestation maintenue. — Culpabilité évidente de Courriol. — La procédure de Paris est cassée; renvoi de l'affaire devant le Tribunal criminel de Melun. — Conséquences de ce changement. — Acte d'accusation dressé par le Directeur du Jury de Melun; caractère de ce document.

Le crime de Lieursaint avait produit à Paris une vive impression. Les brigands si nombreux qui infestaient alors les routes en France (1) n'avaient que rarement cette audace de commettre leurs attentats aux portes mêmes de la capitale.

En pareil cas, le Directoire, trop souvent impuis-

(1) *Voyez* notre procès des *Chauffeurs.*

sant dans le reste du pays, déployait un grand luxe d'activité et d'énergie. Ceci expliquera au lecteur l'attitude violente de la justice à certains moments de cette affaire. Dès le premier jour, on crut ou on voulut faire croire que les brigands de Lieursaint étaient des *blancs*, des *messieurs*, des *chouans*. Le *Journal de Paris* disait tout d'abord des assassins : « c'étaient des jeunes gens bien mis. »

Le citoyen Daubanton dut donc apporter dans l'instruction de cette affaire un zèle tout particulier. Cependant, à l'égard de Lesurques et de Guesno, le juge n'agit qu'avec une grande circonspection, tant le doute sur leur culpabilité était naturel, en présence des renseignements fournis par l'instruction.

Joseph Lesurques était né à Douai, d'une famille honorable. Très-jeune encore, il s'était engagé dans le régiment d'Auvergne, y avait servi avec honneur, avait obtenu le grade de sergent, le plus élevé qu'il pût alors atteindre, et avait quitté le service en 1789. Actif, intelligent, ambitieux, il avait trouvé dans le grand bouleversement révolutionnaire une occasion inattendue de fonder sa fortune. D'abord employé au bureau du district de sa ville natale, il en était bientôt devenu le chef. Il s'était marié, avait fait des gains rapides dans les spéculations d'achat et de revente de biens d'émigrés et du clergé, et, au moment de son arrestation, il possédait environ dix mille livres de rente, une fortune pour le temps. Riche, père de trois enfants, amateur des lettres et des arts, il avait conçu l'idée de se fixer à Paris, pour y mener une vie plus en rapport avec ses goûts et pour y élever ses enfants d'une façon plus convenable. Il avait donc quitté Douai au commencement de l'année 1795.

En attendant que l'appartement qu'il avait loué rue Montmartre, n° 255, dans la maison du citoyen Maumet, notaire, fût prêt à le recevoir, il avait été demeurer chez un sien cousin, portant aussi le nom de Lesurques, et demeurant rue Montorgueil, n° 38. Homme de plaisir, sociable et cultivé comme il était, il n'avait pas tardé à nouer des relations nombreuses. Il recevait des artistes, entre autres deux peintres estimés, Hilaire Ledru et Baudard ; il vivait dans l'intimité du citoyen Legrand, bijoutier au Palais-Royal, et recherchait particulièrement à Paris ses compatriotes.

Quelque temps avant le crime du 8 floréal, une circonstance dont nous avons parlé avait amené à Paris Guesno, un des amis les plus chers de sa jeunesse. Guesno, qui avait emprunté plusieurs mois auparavant deux mille francs à Lesurques, profita de ce voyage pour acquitter sa dette. Les deux amis se revirent avec un mutuel plaisir, et c'est ainsi que Lesurques avait été amené chez Richard, qui logeait Guesno. Voilà ce que dit Lesurques au juge Daubanton ; ses premières réponses sont les suivantes :

« Il était venu à Paris depuis près d'un an avec sa famille, et n'en était jamais sorti. Il ne connaissait Richard que parce qu'il était de Douai, où il avait fait son apprentissage de bijouterie, et depuis il l'avait perdu de vue. Il connaissait plus particulièrement le sieur Guesno, parce qu'ils avaient été élevés ensemble. Il a dîné avec lui chez Richard, dans le cours du mois précédent; il a invité à son tour le sieur Guesno, Richard et sa femme, à dîner chez lui ; il a depuis déjeuné encore avec le sieur Guesno chez le même Richard, et c'est là qu'il a vu pour la première fois un sieur Étienne et une femme qui passait pour être son épouse. Il croit que ce déjeuner a eu lieu le 11 ou le 12 floréal. S'il n'a pas de carte de sûreté, c'est qu'il a regardé sa bonne conduite comme la meilleure de toutes, qu'il n'a jamais découché, et qu'il est connu d'un assez grand nombre de personnes honnêtes pour obtenir une carte de sûreté quand il le désirera. S'il est porteur de celle de son cousin, c'est qu'elle s'est trouvée sur la cheminée de son appartement lorsqu'il a déménagé. La carte blanche était mêlée dans sa poche à beaucoup d'autres papiers sans conséquence ; il n'a jamais eu intention d'en faire le moindre usage. »

Deux notes trouvées dans son portefeuille énonçaient, l'une une somme de 26,770 francs (assignats) pour achat de meubles, l'autre de 33,000 francs (assignats) pour achat de faïence. Il donna à cet égard les renseignements les plus satisfaisants.

Il appela en témoignage tous ses amis, gens honorablement connus, qui rendirent de sa probité le meilleur compte. Le 8 floréal, disait Lesurques, j'ai passé la matinée jusqu'à deux heures chez le citoyen Legrand; de là, j'ai été dîner rue Montorgueil. Le soir, vers six heures, j'ai été me promener sur les boulevards avec le citoyen Ledru. J'ai rencontré mon ami Guesno, et nous sommes entrés tous les trois dans un café, au coin de la Comédie-Italienne, et nous y avons pris chacun un verre de liqueur.

Les citoyens désignés, Hilaire Ledru, Legrand, confirmaient ces dires. Dans une première déposition, le bijoutier Legrand dit : « J'ai vu Lesurques le 8 floréal; j'en suis certain. » Dans le second, pressé de questions, intimidé, il répondit seulement : « Je n'en suis sûr que d'après mon livre. » Mais les ouvriers qui préparaient l'appartement de Lesurques affirmaient l'avoir vu dans la journée du 8 floréal.

Quant à Guesno, on a vu quelles explications il donnait sur sa position et sur sa conduite. Ayant eu affaire une première fois à Château-Thierry, il y avait logé chez son compatriote et ami Golier, et en était revenu, le 8 floréal, avec Golier, qui, à son tour, lui avait fait naturellement visite chez Richard. Le 10 floréal, c'est-à-dire deux jours après le crime, Golier avait déjeûné avec lui et Richard. A ce déjeûner assistait un homme que Guesno voyait ce jour-là pour la première fois, l'homme que l'on nommait Étienne et qui se nommait Courriol. Cet Étienne ayant parlé d'un voyage à Troyes qu'il projetait de faire, Golier l'avait obligeamment invité à se détourner de sa route et à lui faire visite à Château-Thierry.

Guesno, d'ailleurs, donnait sur l'emploi de son

temps, pendant la journée du 8 floréal, des détails qui paraissaient prouver son *alibi*. Le juge Daubanton lui opposa une note trouvée dans ses papiers et relative à quatre chevaux ; il prouva qu'il s'agissait de quatre chevaux d'un voiturier de Meaux, qu'il avait fait saisir et mettre en fourrière à la Chapelle Saint-Denis.

Mais comment concilier l'innocence si probable de Lesurques et de Guesno avec la reconnaissance si précise, si persistante, des filles Santon et Grosse-Tête ? Pour Lesurques surtout, comment ne pas le croire coupable quand au témoignage des deux servantes vinrent s'ajouter plusieurs autres, parmi lesquels ceux de Champeaux et de sa femme, qui déclarèrent que c'était bien là le grand blond qui, ayant cassé un des chaînons de son éperon, l'avait raccommodé chez eux avec du gros fil blanc. La Santon ajoutait que le grand blond avait voulu payer le café en assignats, et que Courriol l'avait payé en argent.

Ces charges étaient trop accablantes pour que le citoyen Daubanton ne maintînt pas l'arrestation ; mais les témoignages à décharge avaient un tel caractère, la situation des deux prévenus plaidait tellement en leur faveur, leurs réponses s'accordaient si bien, leur confiance à venir au Bureau central était si éloquente, que, malgré les témoins reconnaissant Guesno et Lesurques, le juge ne confondit pas un seul instant ces prévenus avec les autres. Il n'ordonna aucune descente au domicile de Lesurques, ne rechercha aucun de ses papiers, ne fit point mettre les scellés chez lui. Sa famille désolée ignora même, pendant près de trois jours, ce qu'il était devenu.

Quant à Courriol, tout prouvait sa culpabilité. Il n'avait pu rendre un compte satisfaisant ni de l'emploi de son temps, ni des valeurs trouvées en sa possession. Il niait tout, quand sa maîtresse Madeleine Bréban le confondit par ses aveux. Cette fille, à qui le citoyen Daubanton fit comprendre que la franchise seule pouvait la sauver d'une accusation de complicité, déclara que, le 8 floréal, Courriol était parti à la pointe du jour. Il avait mis quelques effets dans sa valise, avait pris ses pistolets, et était parti en lui disant qu'il allait en campagne. Le surlendemain, 10, ne le voyant pas revenir, elle avait conçu de l'inquiétude et se disposait à aller aux nouvelles chez Bernard, quand ce dernier vint lui dire que Courriol l'attendait à l'hôtel de la Paix, rue Croix-des-Petits-Champs. Courriol désirait un change complet, c'est-à-dire tout ce qu'il lui fallait pour s'équiper des pieds à la tête. La Bréban avait fait un paquet des effets demandés et avait couru à l'hôtel de la Paix. Là, dans le logement d'un nommé Dubosc, elle trouva, après avoir attendu quelque temps, Courriol, vêtu seulement d'une chemise et d'un pantalon de peau. Le lendemain, Courriol changea de logement; dix jours après, il emmenait à Troyes la Bréban. Cette fille ajouta qu'elle avait vu plusieurs fois chez Courriol Bruer et

Richard, qu'elle n'avait vu Guesno que par occasion, qu'elle n'avait jamais vu Lesurques. Elle crut reconnaître le sabre trouvé sur le lieu de l'assassinat pour être celui de Courriol. Elle donna les noms des individus que Courriol voyait le plus souvent, ce Dubosc, un Durochat, un Roussy, un Vidal.

Richard déposa qu'il connaissait fort peu Lesurques. Bernard et Bruer ne le connaissaient pas du tout.

Tandis que le juge instructeur rassemblait tous ces éléments, Guesno et Lesurques invoquaient tous les témoignages propres à prouver leur innocence. Lesurques faisait demander à Douai des preuves de sa fortune et de son honorabilité. Il écrivait à un de ses amis la lettre suivante :

« Mon ami,

« Depuis que je suis à Paris, je n'ai éprouvé que des désagréments ; mais je ne m'attendais pas et ne pouvais m'attendre au malheur qui m'accable aujourd'hui. Tu me connais, et tu sais si je suis capable de me souiller d'un crime : eh bien ! le plus affreux m'est imputé. La seule pensée me fait frissonner. Je me trouve impliqué dans l'affaire de l'assassinat du courrier de Lyon. Trois femmes et deux hommes que je ne connais pas, ni même le lieu de leur domicile (car tu sais que je ne suis pas sorti de Paris), ont eu l'impudence de déclarer qu'ils me reconnaissaient, et que je m'étais présenté chez eux à cheval.

« Tu sais aussi que je n'y ai pas monté depuis que je suis à Paris. Tu comprends de quelle importance est une pareille déposition, qui ne tend à rien moins qu'à me faire assassiner juridiquement. Oblige-moi de m'aider de ta mémoire, et tâche de te rappeler où j'étais et quelles sont les personnes que j'ai vues à Paris à l'époque où l'on me soutient impudemment m'avoir vu dehors Paris (je crois que c'était le 7 ou le 8 du mois dernier), afin que je puisse confondre ces infâmes calomniateurs et leur faire subir les peines prescrites par les lois.

« LESURQUES. »

Les choses en étaient là, quand la procédure du juge Daubanton fut cassée pour cause d'incompétance, et, le 3 prairial (22 mai), l'affaire fut renvoyée devant le tribunal criminel de Melun.

Tout était à refaire à nouveau. Le directeur du jury de Melun reprit l'enquête en sous-œuvre. C'est toujours, en matière criminelle, une source d'erreurs singulière qu'une instruction tardive ; or l'instruction de l'affaire du 8 floréal prit ce caractère, du jour où celle qu'avait faite le citoyen Daubanton fut considérée comme nulle et non avenue. Les impressions faites sur le magistrat de Paris par l'attitude des deux prévenus Lesurques et Guesno, si différents de leurs prétendus complices par le milieu tout honorable dans lequel ils avaient vécu, par la signification morale de leurs situations, de leur conduite, tout cela n'exista plus pour le magistrat de Melun. Placé plus près du théâtre du crime, plus désireux encore d'obtenir une répression terrible, il prit pour point de départ les témoignages locaux,

2.

sans se préoccuper sérieusement des témoignages contraires. Il y avait eu cinq assassins au Closeau : on lui présentait cinq prévenus; c'étaient donc les assassins, ou au moins leurs complices, puisque Laborde, un des cinq, était contumax. Voilà tout ce que vit le magistrat de Melun. En conséquence, le 9 messidor an IV (27 juin), le directeur du jury, le citoyen Mennessier, soumit l'acte d'accusation au jury d'accusation (1). (De ce document, le plus intéressant de la cause, nous n'abrégeons que les passages les moins importants et les formules; tout ce qui a quelque importance est textuellement rapporté. Nous avons conservé l'orthographe fautive des noms propres; cette preuve de négligence a son poids.)

Le 8 floréal dernier, le citoyen Excoffon, courrier de la malle de Paris à Lyon, partit de Paris à cinq heures et demie du soir, chargé de cent douze dépêches pour la route de Lyon, ainsi que le constate sa feuille : trente desquels paquets étaient cependant pour la route de Lyon à Marseille.... Il résulte de la déclaration du citoyen Hilaire, du 10 floréal dernier, déclaration par lui faite en sa qualité de contrôleur du bureau des envois à découvert, que ce courrier avait chargé notamment de 10,000 francs en numéraire et d'environ 792,000 fr. en assignats; et de celle du citoyen Augustin-Domi-

(1) Il y avait alors le jury d'accusation et le jury de jugement.

nique Laurent, sous-inspecteur des postes, qu'il y avait dans l'expédition de la malle du courrier Escoffon, du 8 floréal, sept millions en assignats, qu'il devait remettre à treize différents receveurs. Il résulte, en outre, des réclamations particulières, qu'il y avait encore cinq à six mille francs en numéraire, une grande quantité de promesses et mandats, rescriptions, assignats, marchandises et bijoux.

Ce qui est encore prouvé par les registres de la poste, c'est qu'un nommé Laborde est parti le même jour avec Excoffon, en vertu d'un ordre de l'administration, et a payé pour sa place 2,737 livres 10 sous. Enfin, un des témoins qui l'a vu partir avec le courrier dit que c'est un homme brun de figure, visage plein, ayant l'air rêveur, vêtu d'une redingote brun mélangé, ayant un chapeau rond, âgé d'environ quarante-huit ans, taille de cinq pieds trois pouces, ou environ, et qu'au moment où il monta dans la voiture, on lui demanda s'il n'avait pas de paquet à y mettre ; il répondit que non, qu'il n'emportait rien ; enfin, qu'il n'était armé que d'un sabre. Ce qui paraît encore certain, c'est que Laborde dîna ce jour-là avec le citoyen Excoffon et embrassa même la citoyenne d'Olgoff, parente du courrier, et qui ne le quitta qu'au moment du départ.

Il paraît qu'il n'arriva rien d'extraordinaire sur la route jusqu'à Lieursaint ; cependant plusieurs témoins assurent que, aux différentes postes où le courrier s'arrêta, ils trouvèrent à Laborde un air rêveur et pensif, et qu'Excoffon, soit qu'il se méfiât de lui, ou qu'il ne le connût pas assez, avait refusé de payer pour lui sur la route, et déclaré aux maîtres de poste qu'il ne se chargeait point de ce qu'il pouvait devoir.

Il était à peu près huit heures et demie du soir lorsqu'il partit de Lieursaint. A trois quarts de lieue de là, entre une auberge que l'on nomme la Fontaine-Ronde et une autre appelée le Commissaire-Général, quatre hommes à cheval arrêtèrent le postillon, détournèrent la voiture et l'emmenèrent vers un petit bois, qui est hors de la route, à quelque distance de ces auberges. Arrivés là, ils massacrèrent de la manière la plus cruelle Etienne Audebert, postillon, qui paraît s'être vigoureusement défendu; ils lui ouvrirent le crâne d'un coup de sabre, lui abattirent une main, et lui percèrent le corps de trois coups mortels. Pendant ce temps, Laborde, qui était d'intelligence avec les brigands, assassinait de trois coups de poignard le citoyen Excoffon dans la voiture et lui coupait le col...

Parmi les recherches faites pour découvrir les auteurs de cet horrible assassinat, celles qui donnèrent le plus de lumières sont celles des citoyens Huguet et Paumard, le premier brigadier à la résidence de Melun, et le second à celle de Lieursaint. Ces recherches, faites avec le plus grand soin et beaucoup d'intelligence, jetèrent le plus grand jour sur cette affaire. Il en résulta que, le 8 floréal dernier, *quatre particuliers* furent vus voyageant à cheval sur la route de Paris à Melun, sans motif apparent; qu'entre midi et une heure, le premier, que tout prouve être Étienne Courriol, arriva seul chez le citoyen Edvrard, aubergiste à Montgeron; que d'abord il demanda à dîner pour lui seul; qu'étant sorti plusieurs fois d'un air inquiet, pour voir s'il n'arrivait personne du côté de Paris, il rentra précipitamment à un moment et dit que l'on fît à dîner pour quatre; qu'en effet, un instant après, arrivèrent trois autres individus tous à cheval; que les chevaux montés par ces cavaliers étaient : un petit noir, monté par le plus grand; un double bidet gris mêlé, moucheté, et un bai clair; enfin, le cheval sur lequel était venu Courriol était bai brun; qu'ils furent vus et bien remarqués, soit pendant leur dîner, soit depuis, par un grand nombre de témoins qui en déposent; qu'après dîner, deux demandèrent des pipes et tous ensemble allèrent prendre du café chez la citoyenne Chastelain, limonadière à Montgeron; qu'ils remontèrent à cheval à trois heures, et s'en allèrent fort doucement jusqu'à Lieursaint; qu'arrivés là, Courriol descendit chez la veuve Feiller, et que, pendant qu'il y était à boire, un des trois autres, blond, *et que les témoins reconnaissent pour Lesurques,* un des prévenus, et qui s'était arrêté chez le citoyen Champeau, aubergiste à Lieursaint, alla lui parler par la fenêtre, but un coup avec lui, puis l'emmena rejoindre les autres chez le citoyen Champeau; que Courriol demanda à ce citoyen de faire ferrer son cheval, qu'il conduisit à cet effet chez le citoyen Motteau;

que Courriol et *Lesurques* se promenèrent pendant quelque temps ensemble dans le village, ce qui les fit remarquer par plusieurs témoins; qu'enfin ils partirent entre sept heures et sept heures et demie, qu'ils allèrent très-doucement, et, pour ainsi dire, en jouant, sur la route, du côté de Melun; qu'ils demandèrent à quelques personnes à quelle heure passait la malle; qu'ayant appris qu'elle ne passait que tard, et évidemment dans la vue de ralentir leur marche, Courriol, qui, sans doute, était chargé d'épier le moment de son arrivée, retourna sur ses pas, à Lieursaint, sous prétexte d'aller chercher son sabre, qu'il avait laissé dans l'écurie chez le citoyen Champeau; qu'arrivé là, il le trouva en effet derrière la porte; que, pendant son absence, ce sabre avait été examiné par Champeau et sa femme, qui le reconnaissent parfaitement aujourd'hui, ainsi que Courriol; qu'il mit encore son cheval à l'écurie et lui fit donner à manger; qu'il alla encore sur le chemin de Paris, pour voir si la malle n'arrivait pas; que, l'ayant entendue de loin, il revint précipitamment chez Champeau, demanda un verre d'eau-de-vie, laissa à peine le temps de brider son cheval, se jeta dessus et partit au grand galop, pour aller rejoindre ses camarades, au moment même où le courrier de la malle relayait; qu'il pouvait être alors huit heures et demie; que c'est à peu près un bon quart d'heure après qu'Excoffon, courrier, et Étienne Audebert, postillon, ont été assassinés; que, dans la foule des témoins qui déposent avoir vu ce jour-là les quatre particuliers sur la route, il n'en est pas un seul qui dise les avoir vus ou rencontrés au delà de l'endroit où s'est commis l'assassinat; que, parmi les prévenus, les témoins signalent d'une manière très-positive Courriol, *Lesurques et Guénot*, comme faisant partie des quatre particuliers vus ensemble ce jour-là sur la route; que, peu de temps après leur départ de Lieursaint, *deux autres personnes également à cheval descendirent chez Champeau, lui demandèrent en partant si la route de Melun était sûre et où était l'auberge de la Galère, et qu'en partant l'un d'eux laissa tomber son mouchoir, qui était blanc et qu'il ramassa; que ces deux personnes partirent peu avant l'arrivée du courrier de la malle, et Champeau et sa femme croient reconnaître dans Bruer et Bernard, qui sont au nombre des prévenus, les deux individus dont on vient de parler*.

Passant ici en revue les indices de culpabilité relativement à chacun des accusés, l'acte d'accusation établit d'abord qu'il est certain que Laborde est l'assassin d'Excoffon.

Courriol, qui a mené les quatre chevaux chez Muiron, qui est venu les reprendre, qui n'a pas couché chez lui dans la nuit du 8 au 9 floréal; qui, dès le 10, a quitté son logement avec la Bréban et Bruer, et s'est logé avec eux chez Richard; qui a pris un passe-port, obtenu par les bons offices de Richard, et a quitté Paris le 18, au moyen de la voiture de Bernard (David); qui a été accompagné, sur le chemin de Bondy, par Bruer, Richard et sa femme; qui s'est retrouvé avec Guénot à Château-Thierry; qui y a été trouvé nanti de valeurs et de bijoux formant à peu près le cinquième des objets volés; qui a rendu le plus mauvais compte de sa conduite et surtout de ses nouvelles richesses; qui, enfin, a été confondu par l'aveu ingénu de sa maîtresse : Courriol, qui a été reconnu par un grand nombre de témoins, est aussi incontestablement coupable.

Guénot, qui, malgré les soupçons planant déjà sur sa tête, eut la hardiesse de revenir de Château-Thierry, avec Courriol arrêté, dans la voiture de Bernard; Guénot, qui, par une espèce de miracle, jouissait encore de sa liberté, et dont les *assiduités au Bureau central, toutes les fois que Courriol devait y paraître*, n'avaient pu dessiller les yeux de la police, n'a été arrêté, *ainsi que Lesurques*, que par suite *d'un de ces événements ménagés par la Providence*.

Ici, l'acte d'accusation raconte la reconnaissance faite de Guénot et de Lesurques par les deux témoins de Montgeron, qui, depuis ce moment, n'ont pas varié un seul instant sur ce point, ainsi que plusieurs autres témoins.

Quand Courriol a quitté, le 10 floréal, la rue Saint-Germain-l'Auxerrois, pour aller, avec Bruer et la Bréban, habiter un quartier fort éloigné du sien, *il a été trouver Guénot, qui s'y était aussi retiré, et Lesurques, qui y venait très-souvent.*

Depuis le 8 floréal, *Bernard* a emprunté à Courriol, qui avant le crime était très-peu riche et faisait une fort petite dépense, une somme de 2,976 livres.

Richard ne peut prouver qu'il ait couché chez lui dans la nuit du 8 au 9 floréal; *Guénot*, seul, le dit, afin que Richard puisse attester à son tour que Guénot a couché chez lui cette nuit-là même. Avant le crime, Richard a eu des conversations secrètes avec Courriol, et alors on avait soin d'écarter la fille Bréban. Et c'est chez Richard que Courriol cherche un asile, et c'est Richard qui recèle sciemment les objets volés, qui fournit les témoins pour le passeport, qui *retire également chez lui Guénot et y reçoit habituellement Lesurques;* c'est Richard qui fait la conduite à Courriol, *avec l'ami Bruer,* et ramène ce dernier, qu'il continue de loger. Richard n'est qu'un modeste colporteur, sa femme une marchande à la toilette, et cependant les perquisitions faites chez lui après le crime y font découvrir une quantité prodigieuse de marchandises de toute espèce nouvellement acquises, et dont lui et sa femme rendent le plus mauvais compte. On y trouve en grande quantité de l'argenterie neuve et des bijoux, plus un sac de 1,200 livres en numéraire, qu'il dit vaguement être le fruit de son commerce, et, plus tard, un autre sac de même somme, dont la femme prétend n'avoir aucune connaissance. Toutes ces valeurs réunies forment une somme immense, et dans laquelle est évidemment comprise la part d'un des voleurs. Donc, en supposant que Richard ne soit pas personnellement un des assassins, puisqu'il n'est pas reconnu par les témoins, au moins est-il constant que c'est lui qui, le lendemain du crime, les a retirés chez lui, qui a recélé le produit du vol, qui a partagé comme un des assassins mêmes, qui a caché un des coupables et a facilité sa fuite. Il est donc évidemment et sérieusement le complice de ces assassins.

Revenant à *Guénot*, l'accusation le montre prétendant être arrivé à Château-Thierry, tantôt le 8, tantôt le 9 floréal, *suivant qu'il croit ces dates plus utiles à sa justification;* une lettre écrite de sa propre main prouve qu'il a dû arriver le 7 au soir. Pour prouver qu'il a couché, la nuit du 8 au 9 floréal, il invoque le témoignage de Richard, et Richard, pour prouver qu'il a couché la même nuit à Paris, invoque le témoignage de Guénot. Ce dernier, au reste, *est reconnu de la manière la plus décidée par plusieurs témoins :* le domestique de l'auberge, la domestique de la limonadière, deux citoyens qui ont dîné dans la même auberge. Mais *quelque chose de plus fort encore, s'il est possible,* c'est que, *n'étant point encore au nombre des prévenus,* il est reconnu au Bureau central par les deux domestiques, et c'est sur son simple signalement, donné par la gendarmerie, et leurs déclarations, qui ne se sont jamais démenties depuis, qu'il est arrêté, et les déclarations se trouvent fortifiées encore et corroborées postérieurement par des témoins sans intérêt et irréprochables. Et, le 9, Guénot *va se réfugier* à Paris chez Richard;

chez qui, le lendemain, *se réfugient également* Courriol et *le fidèle Bruer*. Jusqu'à quelle époque Guénot reste-t-il chez Richard avec Courriol? Jusqu'au 16 floréal, c'est-à-dire jusqu'au moment où tout est préparé pour le départ de Courriol. Où va-t-il en partant ce jour-là? A Château-Thierry, pour y attendre Courriol, qui doit le rejoindre le 18. Chez qui Courriol descend-il à Château-Thierry? Chez Gollier, ami intime de Guénot. Qui accompagne Courriol, lorsqu'on le ramène à Paris? Guénot, venant *en qualité d'ami* dans la voiture, et avec un homme qu'il sait être accusé d'assassinat et de vol. *Qui sollicite au Bureau central pour Courriol? Guénot et Lesurques, qui ne le quittent pour ainsi dire pas* depuis que Courriol est arrêté. Et tous deux sont reconnus et arrêtés sur le témoignage de citoyens appelés pour être confrontés avec Courriol. Guénot a beau prétendre que, le 8 floréal, il a dîné avec le citoyen Clément, l'un des administrateurs du Bureau central; le citoyen Clément, sous les yeux de qui, pour ainsi dire, il a été arrêté, est encore à le réclamer. Charles Guénot est donc un des assassins, *ou au moins un des complices.*

Ici l'acte d'accusation arrive à Lesurques. Redoublons d'attention. Nous n'analysons plus, nous citons.

Six témoins déposent contre Lesurques de la manière la plus énergique. Les uns l'ont vu, ce jour-là même, 8 floréal, dîner à Montgeron avec Courriol et

Guénot, puis aller avec eux prendre du café. Et qui atteste ces faits? Ce sont les domestiques qui les ont servis chez l'aubergiste chez lequel ils ont dîné et au café où ils ont été ensuite ; c'est un citoyen qui, sans nul autre intérêt dans l'affaire que celui de la vérité, assure avoir dîné ce jour-là même avec eux, et avoir parfaitement bien remarqué Lesurques, et un éperon d'argent ou argenté, à ressort, qu'il montrait à Guénot et dont il lui vantait l'avantage ; et cet éperon s'est trouvé sur le lieu même où l'assassinat s'est commis. Lesurques était avec ses camarades à Lieursaint : trois témoins déposent l'y avoir vu et le reconnaître parfaitement, et l'aubergiste chez qui ils se sont arrêtés à Lieursaint dépose qu'un d'entre eux a raccommodé son éperon avec du fil, et l'éperon de Lesurques, trouvé sur le champ de bataille et déposé comme preuve de conviction, est raccommodé avec du fil. Enfin, un autre témoin dépose avoir vu passer trois fois dans la soirée Courriol et Lesurques devant sa porte, à Lieursaint, et c'est un fait constant au procès que Courriol et ses camarades sont restés fort longtemps à Lieursaint, et il est certain qu'il n'a pas passé la nuit dans son domicile. Si l'on demande maintenant à Joseph Lesurques où il a passé l'après-midi du 8 floréal et la nuit qui l'a suivi, il répond que c'est à Paris ; *mais rien ne le prouve.* Enfin, il est arrêté au Bureau central sur la confrontation de son signalement avec celui des assassins du courrier de la malle et la déclaration spontanée de deux témoins. Si on lui demande son passe-port ou sa carte de sûreté, il est obligé de dire qu'il n'en a pas, quoiqu'il demeure depuis près d'un an à Paris; et, comme il se trouve dans sa poche deux cartes de sûreté, dont une sous le nom de Lesurques et l'autre en blanc, mais revêtue des signatures du président et du secrétaire de la section, et, par conséquent, *dans le cas d'être remplie à toute heure*, par telle personne que ce soit, si on lui demande pourquoi il est porteur de ces cartes, il répond, relativement à la première, que c'est la carte de son cousin, qui se trouve par mégarde dans sa poche, et qu'à l'égard de la seconde, qui, par parenthèse, est très-bien conservée, c'est un chiffon qui faisait partie de vieux papiers achetés par son cousin. Si, à tout cela, on ajoute que, depuis le crime commis, il a *constamment* vu Guénot, Richard, Courriol et Bruer, *qu'il n'a cessé de les voir* jusqu'à leur départ pour Château-Thierry; que, depuis leur retour, *il n'a pas quitté Guénot;* enfin qu'il fait à Paris une dépense considérable et *beaucoup au-dessus de la fortune qu'on lui connaît à Douai*, sa patrie, petite ville dans laquelle *il prétend* s'être beaucoup enrichi depuis la Révolution par l'acquisition et la revente des biens nationaux, ainsi qu'il résulte de ces renseignements pris sur les lieux, *il ne restera aucun doute qu'il ne soit un des assassins, ou du moins un des complices, et qu'il n'ait partagé avec eux le fruit du crime.*

Quant à *Philibert Bruer*, l'acte d'accusation le signale comme un homme entièrement dans la main de Courriol, qui le loge et le nourrit, et sans aucun autre moyen de subsistance, même de son aveu. Ils se sont liés ensemble comme se lie ce genre d'hommes. Ils se rencontrent dans un café, ils sont à peu près du même pays; l'un ne sait que devenir, l'autre fait un métier plus que suspect. Courriol propose à Bruer de le loger et de le nourrir, sous prétexte d'apprendre à écrire à sa femme, qui n'est pas sa femme, mais, dans la vérité, pour disposer de son industrie comme bon lui semblera. Et l'association est faite.

Quatre témoins disent avoir vu Bruer sur la route de Paris à Lieursaint, le jour de l'assassinat. Il est vrai que, d'un autre côté, deux témoins disent qu'il a couché chez lui, la nuit du 8 au 9 floréal; mais ce qui est certain et avoué par lui-même, c'est que, le 10, il s'enfuit chez Richard, et va se cacher, avec Courriol, dans cet antre où se trouvaient les assassins, les voleurs et les effets volés. Ce qui est certain, quoiqu'il le nie, c'est qu'il resta là avec Courriol pendant huit jours, et Guénot pendant six, et que c'est sous ses yeux que se font le partage, les emplettes et tous les apprêts de la fuite de Guénot et de Courriol. Ce qui est encore certain et avoué par lui, c'est qu'au moment du départ il ne quitte pas Courriol un instant, et le conduit avec Richard jusqu'à Bondy, et ne le quitte qu'au moment où il le croit en sûreté et à l'abri de toutes les recherches. Et il retourne chez Richard, continue d'y vivre sur le produit du vol; et c'est dans ce repaire qu'il est arrêté avec Richard ; cet homme est évidemment le receleur des assassins, des voleurs et des objets volés. *Il n'est donc pas possible de douter que Bruer*, s'il n'est pas personnellement coupable de l'assassinat, *ne soit au moins complice du vol, et on a de la peine encore à se défendre de l'idée qu'il a contribué pour quelque chose à l'assassinat d'Excoffon* lorsque l'on voit que le couteau avec lequel l'a poignardé Laborde est précisément un couteau semblable à ceux dont se servent les officiers de maisons, et Bruer convient lui-même que, peu de temps auparavant, il avait quitté ce métier, ne trouvant plus de condition.

A l'égard du septième et dernier prévenu, *David Bernard, les présomptions qui s'élèvent contre lui sont de la plus grande force*. D'abord, quelques témoins déposent l'avoir vu sur la route de Lieursaint à Melun, le soir du 8 floréal ; il est vrai qu'ils ne disent pas qu'il fût dans la compagnie de Courriol et des autres assassins ; mais *ils disent qu'il est parti, lui second, de Lieursaint pour Melun, peu de temps avant l'assassinat ;* et, d'après leurs dépositions, *il semble qu'il a dû se trouver dans l'endroit où s'est commis le crime, ou aux environs, au moment même de l'assassinat et du vol*, puisque, suivant les témoins, il était plus de huit heures du soir quand il a quitté Lieursaint. Il dit qu'il est en état de prouver son *alibi* de la manière la plus claire ; jusqu'à ce moment, la présomption contraire subsiste.

De plus, dans ses premiers interrogatoires, il nie

avoir des liaisons avec Courriol et semble à peine le connaître ; et cependant il est prouvé, et même aujourd'hui avoué par lui, que, peu de temps avant le crime, il lui a prêté un petit cheval noir. Or, ce cheval est signalé par une foule de témoins comme faisant partie de ceux montés par les quatre assassins, et il avoue lui-même que ce n'est que le 13 floréal, c'est-à-dire quatre jours après l'assassinat, qu'il s'en est défait et qu'il l'a vendu au citoyen Blavayer. C'est en outre dans la propre voiture de Bernard que Courriol s'est enfui. Enfin, depuis le crime, Bernard a fait des acquisitions énormes : il a acheté, entre autres, pour 3,000,000 de livres d'eau-de-vie, pour 600,000 francs de vins, et c'est Courriol, qu'il connaît à peine, dit-il, qui lui aurait prêté en partie les sommes nécessaires à ces acquisitions. Bernard a dit ne connaître Courriol que sous le nom d'Etienne et Guénot que très-peu. Or, une lettre de change souscrite par Bernard le 16 floréal au profit de Courriol, et entièrement écrite de la main de Guénot, prouve qu'il connaissait parfaitement l'un et l'autre ; il a eu avec eux, chez Richard, soit peu de temps avant le crime, soit depuis, des liaisons et entrevues fréquentes. Il est donc plus que suspect d'avoir participé au crime, et singulièrement d'avoir partagé le vol qui en était le fruit.

L'acte d'accusation se termine par un coup d'œil rapide jeté sur la moralité des accusés.

Laborde, d'abord commis au Mont-de-Piété, puis espion, en a été chassé comme un très-mauvais sujet.

Courriol s'accuse lui-même d'être un agioteur, un marchand d'argent, et avoue avoir fait ce métier, depuis la loi qui le défend expressément.

Bruer est sans état, sans moyens de subsistance, entièrement à la charge de Courriol, et, pour ainsi dire, dans sa main.

Guénot, qui se dit ruiné par la Révolution, a des moyens d'existence inconnus, et est dans ce moment poursuivi par l'administration de Douai pour la remise de trois caisses d'argenterie qui lui ont été confiées, et qu'il prétend lui avoir été soustraites par un voiturier infidèle, que, depuis dix-huit mois, il assure ne pouvoir retrouver.

Lesurques, sergent au régiment d'Auvergne en 1789, prétend avoir fait, dans l'acquisition et la revente des biens nationaux, une fortune considérable, qu'il porte à 10,000 livres de rente en valeur métallique, ET IL EST DÉMENTI SUR CE FAIT PAR LES AUTORITÉS CONSTITUÉES DE SON PAYS, QUI DISENT QU'IL A FAIT UNE FORTUNE SUFFISANTE POUR VIVRE AISÉMENT EN TRAVAILLANT, qui le peignent au surplus comme UN HOMME SANS CONDUITE ET FORT DÉPENSIER. Il est sans carte et sans état à Paris, et son existence est si PROBLÉMATIQUE qu'il n'a ni passe-port ni carte de sûreté, en sorte qu'il n'est ni citoyen de Douai, ni citoyen de Paris.

Richard est colporteur, et sa femme marchande à la toilette, c'est-à-dire des gens faisant un commerce infiniment suspect.

Bernard est colporteur ou marchand forain, c'est-

3.

à-dire un de ces êtres qui sont aujourd'hui dans un endroit et demain dans un autre, et ne présentent par conséquent aucune espèce de responsabilité.

L'acte d'accusation fait, en outre, une dernière observation relative aux témoignages : c'est que les déclarations des témoins deviennent d'autant plus précieuses dans cette affaire, que, s'ils affirment, franchement et sans autre intérêt que celui de la vérité, reconnaître trois des assassins parmi les prévenus, ils disent des autres, avec la même candeur, ou qu'ils ne les connaissent point, ou qu'ils croient les reconnaître, mais qu'ils ne l'assurent point.

A cette pièce, demandant au jury, dans la forme usitée, s'il y a lieu à accusation contre les sept prévenus susdits, le jury répondit, le lendemain 10 messidor : Oui, il y a lieu.

Il y aurait plus d'une observation à faire sur ce document; mais nous ne voulons pas anticiper, et l'audition des témoins va nous apporter des éléments nouveaux de critique. Faisons remarquer seulement que Lesurques, Courriol et Guesno sont particulièrement chargés et représentés comme les assassins véritables; qu'à l'égard de Guesno, on représente comme un indice de culpabilité son retour à Paris dans la voiture de Bernard, en compagnie de Courriol, comme si l'injonction de la police n'avait pas fait à Guesno une loi de se transporter à Paris par la voie la plus rapide. Golier, pour qui il avait fallu abandonner l'accusation, n'avait-il pas, lui aussi, profité de cette occasion d'une voiture qui n'était plus celle de Bernard, mais bien la voiture de la police ? Nous savons déjà ce qu'il faut penser des *assiduités* de Guesno au Bureau central, *toutes les fois que Courriol y devait paraître* : c'était là une assertion purement gratuite, et il eût suffi au magistrat de Melun d'apporter à son travail fort peu d'attention et de logique, pour ne pas tomber dans une erreur aussi grossière. C'est le 19 floréal, en effet, que Courriol est arrêté à Château-Thierry ; c'est le 20 qu'il arrive à Paris ; c'est le 21 qu'il est interrogé pour la première fois au Bureau central par le juge Daubanton ; donc, ce n'est qu'à ce jour du 21 que Guesno a pu se trouver au Bureau central, non pas avec Courriol, mais en même temps que Courriol. Or, Guesno venait au Bureau central pour son propre compte, et on sait si lui ou Lesurques *sollicitaient* pour Courriol. Une pareille inexactitude, en pareille matière, a quelque chose d'effroyable.

Quant à Lesurques, le citoyen Mennessier affirme imperturbablement qu'il n'a pas couché chez lui dans la nuit du 8 au 9 floréal, qu'il n'a cessé de voir Richard, Guesno et Courriol. Assez de témoignages déclaraient la présence à Paris de Lesurques dans son domicile, pendant cette nuit, pour que l'acte d'accusation fût tenu à prouver le contraire. Quant aux relations fréquentes de Lesurques avec Courriol et Richard, les faits, les déclarations de Courriol, de Richard, les aveux de la Bréban donnaient au dire du citoyen Mennessier le démenti le plus formel.

Mais la plus dangereuse, la plus étonnante assertion de l'acte d'accusation, est celle qui concerne la situation de fortune et la moralité de Lesurques. Pour la fortune, il n'y avait qu'à regarder pour voir. Pour la moralité, le directeur du jury de Melun avait entre les mains un certificat, signé par vingt et un honorables habitants de Douai, parmi lesquels deux commissaires de police, attestant la probité de Lesurques.

Voici cette pièce :

« Par-devant les notaires publics de la résidence
« de Douai, département du Nord, soussignés, sont
« comparus les citoyens :
« Arsenne Coyaux, Constant Desbordes et Laurent
« Moraux, tous trois peintres; Charles Cavally, Jean
« Camus, Dominique Leflon-Bassette, Alphonse
« Beaufort-Raparlier, Bernard Carpentier, Pierre
« Colin, Joseph Dubois-Degand et Jacques-Honoré
« Givelet, tous huit marchands; Jean-Baptiste-Guil-
« laume Condom et Hippolyte Nowels, tous deux
« écrivains; Jean-Baptiste Eraisme, sellier; Louis
« Deguigne, traiteur; Jean-Baptiste Lemaire, tail-
« leur; Joseph Goulois et Alexandre Lausel-Sainte-
« noy, *tous deux commissaires de police* de cette
« commune de Douai, y demeurant tous; Jean-Bap-
« tiste-Joseph Marchand, chef du bureau de la
« guerre de cette commune, y demeurant; Désiré
« Lœulliette et Dominique-Joseph Dumoutier, tous
« deux marchands, demeurant ci-devant audit

« Douai, et actuellement en la commune de Lille ;
« lesquels ont certifié et attesté, ès-mains desdits
« notaires, ne rien connaître à reprocher à la con-
« duite morale et politique du citoyen Nicolas-
« Joseph Lesurques, ci-devant employé dans les
« bureaux du district de Douai, actuellement domi-
« cilié à Paris et détenu à Melun ; qu'ils le connais-
« sent au contraire pour un homme de probité,
« exempt de tout soupçon. En témoin de quoi ils
« ont requis le présent certificat auxdits notaires et
« a eux octroyé.

« Ainsi fait et certifié audit Douai, après lecture,
« le 26 prairial de l'an IV de la République française,
« une et indivisible. *Registré à Douai, le 28 prai-*
« *rial.* »

Etait-il permis de passer aussi légèrement par-
dessus de tels témoignages ?

Ce n'est pas tout : au dossier de Lesurques, le
directeur du jury de Melun avait trouvé une lettre
du commissaire du pouvoir exécutif à Douai, en date
du 29 floréal an IV. Il était dit dans cette pièce que
Lesurques avait de la *probité*, de la *capacité*, un
caractère très-sociable, généreux à l'excès, qu'il s'était
fait une *fortune très-avantageuse*; seulement, car il
ne faut rien cacher, le commissaire reprochait à
Lesurques des liaisons trop intimes avec des ac-
trices, des parties de cheval, et une disposition à la
dépense qui pourrait peut-être un jour le pousser
à compromettre ce qu'il avait gagné.

Sérieusement, y avait-il rien là qui permît au

magistrat de Melun de représenter Lesurques comme un homme sans conduite et menant une existence problématique?

Il est donc permis de dire, dès à présent, que le magistrat de Melun avait rempli son mandat avec une grande légèreté. Ses préventions, aggravées par un ton de certitude absolue, allaient dominer toute la cause.

CHAPITRE VI.

Le Jugement.

Renvoi de l'affaire devant le Tribunal criminel de Paris. — Le président Gohier; ses préventions. — État des charges contre Lesurques; ses réponses, son attitude. — Ouverture des débats; situation faite aux accusés. — Les témoins à charge contre Lesurques; valeur de leurs déclarations. — Les témoins à décharge pour Lesurques; *alibi;* incident du registre de Legrand; accueil fait aux autres témoins de l'*alibi;* intimidation exercée sur les témoins, prévention et partialité. — Résumé du Président. — Questions posées au jury; leur caractère. — Révélations de la Bréban; Gohier les repousse. — Le verdict et le jugement; impression produite; protestation de Lesurques; déclarations de Courriol. — Il n'est plus temps.

Le procès allait s'ouvrir devant le tribunal criminel de Melun quand les accusés, usant de la faculté que leur donnait la loi, demandèrent, le 20 messidor (8 juillet), à être renvoyés devant le tribunal criminel de Paris. Il fut fait droit à leur requête.

Le président du tribunal criminel de Paris était M. Jérôme Gohier, ancien avocat, membre de l'Assemblée législative, et chargé, comme tel, après le 10 août, du rapport sur les pièces trouvées aux Tuileries. Il fut, depuis, en l'an VII, l'un des Directeurs, en remplacement de M. Treilhard, et disparut de la scène politique au 18 brumaire. Homme énergique, esprit étroit.

M. Gohier, comme M. Mennessier, ne vit tout d'abord dans tous les accusés que des coupables. L'acte d'accusation de Melun ne lui laissa aucun doute quant à Lesurques, et les déclarations accusatrices des témoins de Lieursaint et de Montgeron annulèrent pour lui les témoignages à décharge des habitants de Douai et des personnes appelées de Paris pour prouver l'*alibi*. Ces témoins de l'*alibi* étaient au nombre de quinze; dans les recolements et confrontations, ils avaient été affirmatifs, invariables. Les témoins de la présence de Lesurques à Lieursaint et à Montgeron avaient-ils montré la même certitude, la même persistance? On va le voir.

C'est le 25 prairial (13 juin) qu'avait eu lieu, devant le Directeur du jury de Melun, la confrontation des témoins à charge avec Lesurques et les autres prévenus; ces témoins étaient au nombre de neuf; ils répondirent dans l'ordre suivant :

Adrien Roger, charretier chez le sieur Delorme, demeurant à Lieursaint, avait vu, le 8 floréal, quatre hommes à cheval, dont un seul le frappa par la grossièreté de ses propos. On lui présente les prévenus ; il reconnaît Courriol et ne reconnaît pas les autres.

Le sieur Bernard, instituteur, a vu le même jour les mêmes cavaliers ; un d'eux portait un sabre garni en cuivre ; il s'en est servi pour couper une baguette ; il était coiffé d'un chapeau rond. C'est tout ce qu'il sait ; il ne reconnaît personne.

Pierre Gillet, marchand de vaches à Lieursaint, a vu trois hommes à cheval. Il croit reconnaître Courriol et Lesurques, mais il n'en est pas sûr. Ce qui l'a frappé plus particulièrement en les voyant, c'est que Lesurques ressemble beaucoup au propriétaire d'une terre voisine, M. de Perthuis. Il ajoute que l'individu dont il s'agit *avait une redingote couleur de chair*.

La femme Bourgoin a vu les quatre cavaliers ; elle n'en a remarqué qu'un seul. Elle affirme dans son âme et conscience reconnaître parfaitement Bruer.

Michel Hay, maréchal à Lieursaint, croit reconnaître Bruer, sans oser l'affirmer. Il ne reconnaît aucun des autres.

Charles-Thomas Alfroy, pépiniériste à Lieursaint, a vu, entre huit et neuf heures du soir, deux particuliers qui se tenaient sous le bras, s'en est approché, et a reconnu que l'un d'eux avait *un habit bleu, un chapeau rond*. Il croit que c'est Lesurques, mais il n'en est pas sûr, parce qu'il faisait un peu sombre.

La femme du sieur Alfroy a vu deux particuliers, l'un brun, l'autre blond, passer trois fois devant sa porte à différentes heures ; ils avaient l'un et l'autre des bottes molles, des éperons façon d'argent ; l'un portait une redingote brune, tirant sur le marron ; l'autre un habit bleu et un chapeau rond ; un d'entre eux avait une cravate noire ; elle croit que *c'est Bruer*. Elle affirme que, parmi les six personnes qu'on lui présente, elle reconnaît très-bien Courriol et Lesurques.

Laurent Charbault, cultivateur à la Fère-Champenoise, a vu quatre individus à cheval, bien montés, causant ensemble et marchant à petits pas ; il a dîné à Montgeron dans la même chambre qu'eux. Il en reconnaît plus particulièrement deux. *Il affirme à la justice que Lesurques était un des quatre qui dînaient ensemble.* Il croit également reconnaître Guesno ; mais, dans une affaire aussi délicate, il n'ose affirmer. Celui dont Lesurques lui représente les traits avait des éperons façon d'argent et des bottes à la hussarde.

Le sieur Antoine Perrault, propriétaire à Saint-Germain-Taxis, a vu *trois personnes* dîner, à Montgeron, chez l'aubergiste Évrard ; l'une parlait provençal ; il la reconnaît très-bien pour être Étienne Courriol. Il croit bien reconnaître Guesno ; il croit bien aussi reconnaître Lesurques à ses cheveux blonds : mais il n'en est pas sûr. Il ajoute que l'individu dont il s'agit avait un habit gris-blanc.

Ainsi, Courriol est reconnu avec certitude par

deux témoins, avec hésitation par un troisième.

Bruer est reconnu avec certitude par un témoin, avec hésitation par deux autres.

Guesno est reconnu avec hésitation par deux témoins.

Lesurques, ici, est reconnu avec certitude par deux témoins, avec hésitation par trois autres. Ajoutez à ces cinq témoins les déclarations persistantes de Champeaux et de sa femme, des filles Santon et Grosse-Tête et de Lafolia, vous aurez contre Lesurques sept témoignages affirmatifs et trois dubitatifs.

Quant à Lesurques, le témoignage de Charbault, s'il persiste aux débats, sera grave; car, bien qu'après quarante-sept jours écoulés, il reconnaisse deux individus qui ont dîné dans la même salle que lui, chose assez difficile, son témoignage est évidemment celui d'un honnête homme, qui comprend la gravité de ses paroles. Pour Gillet et Alfroy, qui ont vu Lesurques vêtu, l'un d'une redingote couleur de chair, l'autre d'un habit bleu, tandis que Ferrand a vu l'homme aux chèveux blonds couvert d'un habit gris-blanc, leurs déclarations devront être examinées de très-près. Celle aussi de la femme Alfroy pourra passer pour suspecte : cette femme, qui avait vu deux personnes passer devant sa porte, en reconnaît trois. De même Perrault dînait dans la même salle que Charbault, et, là où Perrault n'a vu que trois individus, Charbault en a vu quatre.

Lesurques, lui, n'avait jamais varié. Nous n'avons

pas ses réponses des débats de Paris, mais nous savons qu'il fut partout et toujours invariable dans ses protestations d'innocence, faites avec un grand calme et un grand accent de vérité. Nous prenons comme type de ces réponses l'interrogatoire subi par Lesurques, le 7 messidor (25 juin), par-devant M. Mennessier.

D. Où il a couché la nuit du 8 au 9 floréal? — R. Qu'il a couché chez lui, rue Montorgueil, n° 38, maison du sieur Lesurques, son parent.

A LUI OBSERVÉ que nous avons la presque certitude qu'il n'a pas couché ce jour-là chez lui? — R. Qu'il est sûr qu'il a couché ce jour-là chez lui; que, depuis le mois de fructidor dernier, il n'a pas découché une seule fois, et que, le plus tard qu'il soit rentré, c'est à dix heures, lorsqu'il allait au spectacle.

D. Ce qu'il allait faire au Bureau central, lorsqu'il y a été, et si c'était la première fois qu'il y allait? — R. Qu'il y était allé seulement par complaisance, pour accompagner le sieur Guesno, et que c'était la première fois qu'il était entré dans cet endroit.

D. Si ce n'était pas plutôt pour solliciter en faveur de Courriol et de Richard qu'il est allé ce jour-là au Bureau central avec Guesno? — R. Que non; qu'il n'a parlé à personne et qu'il ne connaît pas Courriol.

D. Comment se fait-il qu'il ait été arrêté à la mairie (au Bureau central)? — R. Qu'il ne se doute pas des motifs qui ont pu le faire arrêter au Bureau central.

A LUI OBSERVÉ que cependant il a dû savoir que, s'il

a été arrêté ce jour-là avec Guesno, c'est que d'une part les signalements des assassins du courrier de la malle envoyés d'ici (de Melun) se sont trouvés parfaitement conformes à ceux de Lesurques et Guesno, et de l'autre part, qu'avant qu'ils fussent arrêtés, l'un et l'autre avaient été reconnus au Bureau central par des témoins qui, ce jour-là, devaient être confrontés avec Courriol? — R. Qu'il a ignoré parfaitement tout cela, et que, si on le lui eût dit ce jour-là, il lui eût été très-facile de se disculper, en rendant un compte exact de tout ce qu'il avait fait le 8 et le 9 floréal dernier.

A LUI OBSERVÉ qu'il paraît bien inconcevable que deux signalements dans la même affaire se rapportent très-précisément à lui et à son ami Guesno, et qu'ils se trouvent corroborés dans l'instant même par la déclaration de deux personnes qui ne sont point prévenues de ce qu'ils peuvent être, et à qui l'on ne peut soupçonner aucun intérêt pour les inculper, si véritablement lui et Guesno ne sont point coupables du crime dont ils sont accusés? — R. Que cette réunion de circonstances lui paraît inconcevable, d'autant plus qu'il n'est jamais sorti de Paris, qu'il n'a jamais été sur la route de Melun, et que d'ailleurs il a, pour élever sa famille et vivre, au delà de son nécessaire.

A LUI DEMANDÉ comment il se fait, si ce qu'il dit est vrai, qu'il ait été reconnu par un grand nombre de témoins qui attestent qu'il a dîné ce jour-là à Montgeron avec Courriol, Guesno et d'autres, et qu'il ait été avec eux à Lieursaint, précisément à l'endroit où ont été assassinés Excoffon, courrier de la malle, et Audebert, postillon? — R. Que ces témoins se sont trompés, et *qu'à moins qu'il n'y ait de la ressemblance entre lui et l'un de ceux qui, ce jour-là, ont fréquenté la route de Paris à Melun, il est impossible qu'ils aient pu faire de pareilles dépositions en leur âme et conscience.*

A LUI OBSERVÉ que les soupçons qui s'élèvent contre lui sont encore corroborés par la manière dont il existe à Paris, puisque, quoiqu'il y soit depuis près d'un an, il y existe sans carte de sûreté, et que les cartes trouvées sur lui donnent lieu de penser qu'il abuse de celle de son cousin, et qu'au moyen de la carte blanche signée du président et du secrétaire de la section, il se ménageait la facilité de remplir cette carte et de s'en servir comme bon lui semblait? — Il répond à ces demandes comme il a fait dans ses précédents interrogatoires, en ajoutant qu'il n'avait la carte de son cousin que depuis le 18 ou 19 floréal, que l'autre était dans sa poche, mêlée avec des chiffons, ce qui prouve le cas qu'il en faisait. Sa bonne conduite et ses amis pouvaient suffisamment répondre de lui.

INTERROGÉ s'il n'a pas des éperons, il répond qu'il y a plus d'un an qu'il ne s'en est servi, et que les éperons qu'il a sont à l'antique, sans ressorts. Il rend compte de l'emploi de sa journée le 8 floréal, comme il a fait dans les interrogatoires précédents.

Voilà quelle avait été invariablement l'attitude de

Lesurques. A la Conciergerie de Paris, comme dans la prison de Melun, il vécut avec Guesno, de la façon la plus digne, et sans avoir aucun rapport avec les autres accusés. Nous le savons par le récit que fit plus tard de sa détention à la Conciergerie, en 1796, M. Le Roy, ancien capitaine d'infanterie, détenu avec M. le comte de Noyan, comme partisan actif des Bourbons. M. Le Roy avait d'abord dîné à la table commune avec les accusés de l'affaire du courrier de Lyon ; mais, dès qu'ils purent soupçonner que ces hommes étaient coupables, M. Le Roy et M. le comte de Noyan se séparèrent des autres détenus. Quant à Lesurques, il avait toujours vécu à part, sans relations avec les autres accusés, ne voyant que sa femme et ses trois enfants. Ecoutons M. Le Roy.

« Si je l'ai connu, ce ne fut que par les fréquentes
« visites que son épouse venait faire journellement
« à son mari, accompagnée de ses enfants, qui
« étaient de petits amours, ce qui me fit distinguer
« cette famille. Lorsque les prévenus furent con-
« duits au Tribunal, comme nous habitions la cha-
« pelle par laquelle les détenus passent pour y mon-
« ter, le fils du concierge vint auparavant me prier
« de ne pas nous y trouver et de passer à la geôle.
« Le comte de Noyan y fut, et je me mis sur mon
« grabat, la tête sous la couverture. Peu de temps
« après, parurent les prévenus avec les guichetiers ;
« ce ne fut, dans ce moment, que pleurs et gémisse-
« ments. Dans cette scène effrayante, je remarquai

« que le sieur Lesurques, qui gardait un profond si-
« lence, se mit à genoux, joignit les mains, et levant
« la tête proféra ces mots : *Mon Dieu! vous connais-
« sez mon innocence ; j'espère que vous la ferez con-
« naître.* »

Les débats s'ouvrirent le 15 thermidor (2 août). On a vu que les six accusés étaient considérés par l'acte d'accusation comme auteurs ou complices d'un seul et même crime : l'acte d'accusation était indivisible ; et cependant, en présence de cet acte, le Tribunal criminel de Paris établit tout d'abord deux catégories d'accusés. Dans la première, furent placés Courriol, Lesurques, et, contre toute évidence, Guesno, dont *l'alibi* était victorieusement prouvé ; puis, Bernard, qui avait *peut-être* profité du vol, mais assurément n'avait point participé au meurtre, puisque huit témoins prouvaient son *alibi*. Dans la seconde catégorie furent placés Bruer, qu'on reconnaissait ou qu'on croyait reconnaître comme l'un des cavaliers de Lieursaint, et Richard, que les informations chargeaient tout autant que Bernard.

Il fut surabondamment prouvé par les débats que Bernard n'avait point quitté Paris le 8 floréal ; mais il avait prêté les chevaux, il avait été chercher la Brébau au retour de Courriol : voilà tout ce qu'on put apprendre sur son compte.

Guesno avait eu des relations passagères avec Courriol ; on l'avait retrouvé à Château-Thierry, dans la même maison que Courriol ; mais son *alibi* était irrécusable.

Lesurques était gravement compromis par *dix* témoignages dans les confrontations du Bureau central et de Melun ; mais il était protégé par quinze témoins affirmant l'*alibi* avec autant de certitude que *sept* des témoins de Lieursaint et de Montgeron affirmaient sa présence près du lieu du crime. Il était couvert par une foule de témoignages honorables de Paris ou de Douai. Il avait été vu sans cesse à Paris depuis le 8 floréal et n'avait pas un moment cherché à fuir, tandis que Laborde avait disparu, que Courriol avait quitté Paris, que Guesno lui-même avait fait le voyage de Château-Thierry.

Voyons comment le Tribunal criminel de Paris apprécia la situation de cet accusé.

Prenons d'abord les témoignages à charge qui furent entendus à Paris.

Champeaux et *femme Champeaux* persistent à déclarer qu'ils reconnaissent Lesurques pour un des quatre qu'ils ont vus entre huit et neuf heures, que c'est lui qui, chez eux, a raccommodé son éperon. Le mari reconnaît également Bernard. La femme ne reconnaît point Courriol. La *Santon* dit toujours qu'elle reconnaît Lesurques, que c'est celui qui voulait payer le café en assignats.

La *Grosse-Tête* ajoute à ses déclarations premières que Lesurques est bien celui qui vint le premier à l'auberge demander à dîner pour lui, et ensuite pour trois autres voyageurs (c'était Courriol) ; elle dit encore qu'elle reconnaît Bruer. *Lafolie* reconnaît purement et simplement Lesurques et Bernard.

4

Marie-Thérèse Guilbert, femme Alfroy, a vu, le 8 floréal, passer, à diverses heures, devant sa porte, deux particuliers, l'un brun, l'autre blond, ayant l'un et l'autre des bottes molles et des éperons façon d'argent; l'un, habillé d'une *redingote brune tirant sur le marron*, l'autre, d'un *habit bleu avec un chapeau rond*. Un d'eux portait une cravate noire. Elle reconnaît très bien parmi les accusés Courriol et Lesurques.

Voilà les témoins *affirmatifs* aux débats de Paris; ils sont *six*, ils ne sont que six. Un témoin entendu dans l'instruction, *Charbault (Laurent)*, ne répond pas à l'appel de son nom. Il avait affirmé reconnaître Lesurques, et il avait cru reconnaître Guesno, mais sans oser l'affirmer. Ce témoignage ne doit plus être compté désormais.

Alfroy (Charles-Thomas), pépiniériste à Lieursaint, a vu, *entre huit et neuf heures du soir*, deux particuliers se tenant sous le bras; il s'en est approché et a reconnu que l'un d'eux avait un *habit bleu et un chapeau rond;* il *croit* que c'est Lesurques, mais *il n'en est pas sûr*, parce qu'il faisait un peu sombre.

Gillet (Pierre), marchand de vaches à Lieursaint, reconnaît Courriol. Il *croit* reconnaître Lesurques, mais, celui-là, *il ne l'a vu que de loin, il n'en est pas sûr*. Ce qui le frappe, c'est que Lesurques ressemble à M. de Perthuis, propriétaire d'une terre voisine. Il ajoute que l'individu qu'il croit reconnaître dans la personne de Lesurques portait une *redingote couleur de chair*.

Perrault (Antoine), cultivateur à Saint-Germain-Taxis, reconnaît très-bien Courriol ; il *croit* reconnaître Lesurques à ses cheveux blonds, mais *il n'en est pas sûr*. Il *croit* également reconnaître Guesno, mais sans pouvoir l'affirmer. Il a dîné dans la même salle avec les cavaliers, mais sa mémoire ne lui en rappelle que trois ; celui dont Lesurques lui représente les traits portait un *habit gris-blanc*.

Soit, contre Lesurques, sept témoignages affirmatifs, trois dubitatifs.

Mais on ne voit pas que M. le président Gohier pèse et discute ces témoignages, comme c'était son devoir de le faire. Il ne remarque pas qu'Alfroy n'a pu voir entre huit et neuf heures des gens partis entre sept heures et sept heures et demie. Cette erreur d'Alfroy devait faire suspecter l'exactitude de ses souvenirs.

Il ne remarque pas que Perrault n'a vu que trois dîneurs dans la salle où dînaient les quatre cavaliers : autre témoignage dont l'exactitude est suspecte. Il ne remarque pas que, si Lafolie reconnaît Lesurques, il reconnaît aussi Bernard, dont l'*alibi* est démontré. De même, il ne remarque pas que Champeaux reconnaît Bernard aussi bien que Lesurques ; que la femme Champeaux reconnaît Bernard et Guesno, qui ne pouvaient être à Lieursaint ; que la Santon reconnaît Guesno au même titre que Lesurques ; que la Grosse-Tête reconnaît Bruer, dont on n'osera pas affirmer l'absence de Paris, et ne reconnaît plus Guesno, qu'elle reconnaissait avec tant de certitude au Bureau central. M. Gohier ne remarque pas non plus que le même individu n'avait pu porter à la fois un habit gris-blanc, une redingote couleur de chair, un habit bleu. Toutes ces contradictions eussent au moins exigé le doute : c'est chose si incertaine, en effet, que le témoignage porté sur un individu qu'on a vu peu de temps, sans intérêt à le considérer, à la nuit tombante, qu'on n'a vu qu'une fois, il y a plusieurs semaines, il y a plusieurs mois. Qu'on pense aux signalements si divers donnés sur le voyageur de la malle, Laborde, au lendemain du crime !

Passons maintenant aux témoignages qui se produisirent, à Paris, en faveur de Lesurques, et voyons comment ils furent accueillis.

Sur l'*alibi*, quinze témoins à décharge se présentaient ; c'étaient : *Legrand (Adrien-Joseph)*, bijoutier, rue de Chartres ; *Aldenhof (Emmanuel-Claude)*, rue Neuve-Egalité ; *Ledru (Hilaire)*, dessinateur, rue Croix-des-Petits-Champs ; *d'Argence (Clotilde-Eugénie)*, ouvrière en linge, rue du Four-Saint-Honoré, maison de Cherbourg ; *Tieurnette (Angélique)*, rue Saint-Sauveur, n° 5 ; *Baudard (François)*, peintre, rue du Coq-Honoré ; *Lesurques (André)*, cousin de l'accusé, rue Montorgueil ; *Bonne Martin*, femme Lesurques, femme du précédent ; *Frouré (Pierre)*, maison Egalité ; *Vandenelisken*, colleur de papier, rue Saint-Roch ; *Dixier (Luc)*, orfèvre, rue Beaujolais ; *Chauffer (Charles)*, bijoutier, rue de la Lanterne ; *Germain (François-Augustin-Dieudonné)*, rue de Jérusalem ; *Degand (Charles)*, rue Saint-Martin, n° 19 ; *Aubert (Louis-Marie)*, rue de Chartres, n° 328.

Legrand fut le premier entendu. C'était un compatriote de Lesurques, son ami intime, riche et honorable orfèvre-bijoutier du Palais-Royal. Il avait, on se le rappelle, affirmé dans l'instruction que, le 8 floréal, comme au reste tous les jours, il avait vu Lesurques ; qu'ils avaient passé ensemble une partie de la matinée ; que ce souvenir se rattachait pour lui à la visite d'un sien confrère, le citoyen Aldenhof, de qui il avait reçu ce jour-là une fourniture de boucles d'oreilles, et à qui il avait vendu de son côté une grande cuiller d'argent à potage, de celles qu'on appelle poches. Legrand avait inscrit cette négociation sur son livre ; la date du livre faisait donc foi pour Lesurques. Le défenseur officieux de ce dernier, c'était *Me Guinier*, averti par Legrand de cette providentielle coïncidence, y vit une preuve irréfutable.

Legrand vint donc à l'audience attester de nouveau la présence de Lesurques, à la date du 8 floréal, dans son magasin, au moment de la visite du citoyen Aldenhof. Il invoqua la date inscrite sur son livre, et le Président ordonna la production du journal. Au premier coup d'œil jeté sur la colonne indiquée, le Président fit un mouvement de surprise, regarda Legrand d'un air indigné, et s'écria : — On veut surprendre la justice ; il y a là une surcharge grossière : il y avait un 9, on en a fait un 8.

Le défenseur de Lesurques se précipite, regarde : il voit, en effet, sous le chiffre 8 invoqué comme preuve, un 9 bien distinctement formé, dont la queue dépasse le chiffre substitué. M⁰ Guinier, Legrand, Lesurques restent immobiles d'étonnement. Le président Gohier fait un signe à l'accusateur public, qui conclut à l'arrestation du témoin.

Legrand, homme faible et timoré, pâlit en se voyant placé entre deux gendarmes. Le Président lui demande d'une voix tonnante s'il persiste dans son mensonge. Il balbutie, ses yeux sont égarés. Le Président paraphe le feuillet du livre, le fait parapher par le témoin et maintient l'arrestation.

L'incident était grave. Le défenseur de Lesurques, Legrand lui-même avaient examiné le registre et n'avaient fait aucune attention à la surcharge. Legrand n'avait aucun souvenir de cette rectification, dont les exemples n'étaient pas rares sur ses registres. M⁰ Guinier, quelle que fût sa douleur, réfléchit que la bonne foi de Legrand était si évidente, que le Président, son irritation une fois calmée, ne pourrait la méconnaître. Si la date avait été surchargée à dessein, aurait-on eu l'audace de laisser le premier chiffre visible ? La fraude ne procède pas ainsi ; on eût gratté la queue du 9, on eût habilement profité du 0 restant pour y souder, en imitant le mieux possible, l'autre 0 formant le 8. Et d'ailleurs pourquoi s'exposer à affronter la justice au sujet de cette surcharge? Il n'était pas besoin de produire le livre; si on voulait sauver Lesurques par un mensonge, il n'y avait qu'à affirmer, avec insistance, qu'on l'avait vu chez soi, à telle heure de la journée du 8.

Le lendemain de l'incident, Legrand reparut aux débats ; le Président lui demanda s'il persistait dans son mensonge. Que répondit le pauvre homme? Si nous en croyons le procès-verbal, il déclara « qu'il rétractait ses précédentes dépositions comme n'étant basées que sur la fausse date qui se trouvait sur ledit registre, et dont il n'avait aperçu la *falsification* que depuis ses premières dépositions. »

Le Président s'adressa alors à Lesurques, lui demandant ce qu'il avait à opposer à cette preuve nouvelle de culpabilité. L'accusé répondit avec calme que Legrand n'était pas le seul témoin qui pût prouver sa présence à Paris, le 8 floréal, qu'il renonçait à ce témoignage et demandait aux jurés de le regarder comme nul et non avenu.

Le président Gohier ordonna le renvoi de Legrand devant le juge de paix de la section du Pont-Neuf, pour être statué sur la prévention du faux. Puis, l'audition des témoins à décharge continua. Mais la prévention était, dès ce moment, solidement installée dans la tête du magistrat chargé de diriger ces débats. Un témoin, croyait-il, avait menti pour sauver Lesurques ; tous les autres témoins à décharge furent dès lors, à ses yeux, des faussaires.

Aldenhof parla à son tour ; il se rappelait fort bien avoir vu Lesurques chez Legrand, le 8 floréal, avoir dîné chez lui, ce même jour, avec les citoyens Hilaire Ledru et André Lesurques. Le souvenir si précis d'Aldenhof fut considéré comme un écho du prétendu mensonge de Legrand; Aldenhof ne fut pas écouté.

Hilaire Ledru certifie avoir assisté, le 8 floréal, à ce dîner chez Lesurques; il pouvait d'autant moins se tromper, disait-il, que c'était la première fois qu'il allait chez Lesurques. Arrivé pendant l'absence de ce dernier, il avait causé avec sa femme, avait caressé ses enfants. Lesurques était rentré avec leur compatriote Aldenhof, lequel tenait à la main une poche d'argent. On avait dîné, et, le soir, on avait fait un tour de promenade avec Guesno, qui avait remis à Lesurques 2,000 livres en assignats, en buvant un verre de liqueur dans un café. On était revenu vers sept heures et demie chez Lesurques, et on y avait soupé avec Baudard, un ami commun. Hilaire Ledru, homme honorable, eut beau dire, il ne fut pas écouté.

Baudard attesta sa présence chez Lesurques, le 8 floréal; ce jour-là, Lesurques l'avait invité à dîner pour le lendemain, 9, jour de garde pour Baudard, et Baudard représenta son billet de garde, portant la date du 9 floréal. Baudard, homme honorable, ne fut pas écouté.

André Lesurques, cousin de l'accusé, affirma sa présence à presque toutes les heures du jour, rue Montorgueil, le 8 floréal. André Lesurques ne fut pas écouté.

La femme du cousin de Lesurques en dit autant; elle ne fut pas écoutée.

L'orfèvre Dixier, le bijoutier Chauffer témoignèrent de l'*alibi;* ils ne furent pas écoutés.

Cinq ouvriers, qui avaient collé du papier, ce jour-là, au nouveau domicile de Lesurques, qui avaient, ce jour-là, placé son buste dans le salon, qui avaient reçu de Lesurques une gratification en raison de ces travaux de décoration terminés, voulurent certifier l'*alibi*. Gohier leur imposa brutalement silence.

Une jeune fille, Tieurnette, fut tellement intimidée par les menaces du Président, qu'elle s'évanouit à l'audience.

Clotilde-Eugénie d'Argence voulut attester que, depuis dix mois, elle voyait Lesurques régulièrement une fois par jour, soit chez elle, soit chez la citoyenne Thériot, femme d'un médecin; que pas un jour ne faisait lacune dans ces visites; la jeune ouvrière fut malmenée comme les autres.

Un homme dont on ne saurait suspecter la parole, le défenseur de Lesurques lui-même, osa, quelque temps après, et lorsqu'il y avait encore du courage, peut-être même de l'imprudence à le faire, dénoncer cette conduite du président Gohier, ces rigueurs partiales, cette *prévention*, cet *acharnement*. Ah! sans doute, Gohier était un honnête homme; mais quelles fonctions terribles que celles où le plus honnête peut faillir, et où l'erreur, c'est la mort de l'innocent!

« Souvent, a dit d'Aguesseau, une première impression peut décider de la vie et de la mort. Un amas fatal de circonstances, qu'on dirait que la fortune a rassemblées exprès pour faire périr un malheureux, une foule de témoins muets et par là plus redoutables, déposent contre l'innocence. *Le juge se prévient, l'indignation s'allume, et son zèle même le séduit.* Moins juge qu'accusateur, il ne voit que ce qui sert à condamner, et il sacrifie aux raisonnements de l'homme celui qu'il aurait sauvé s'il n'avait admis que les preuves de la loi. »

D'Aguesseau n'avait-il pas tracé à l'avance le portrait du président Gohier, dont le *zèle* aveugle perdit Lesurques ? L'illustre magistrat ajoute :

« Un événement imprévu fait quelquefois éclater dans la suite l'innocence accablée sous le poids des conjectures et dément les indices trompeurs dont la fausse lumière avait ébloui l'esprit du magistrat. La vérité sort du nuage de la vraisemblance, *mais elle en sort trop tard.* Le sang de l'innocent demande vengeance contre la prévention de son juge, et le magistrat est réduit à pleurer toute sa vie un malheur que son repentir ne peut réparer. »

Voilà, racontée à l'avance par d'Aguesseau, l'histoire de ce procès de Lesurques.

L'intimidation exercée sur les témoins fut si grande, qu'un des témoins entendus sur la moralité de Lesurques, le citoyen Eymery, ingénieur, ayant été averti par le Président, selon la formule, de parler *sans haine :*

— « Oui, citoyen Président, s'écria-t-il, et surtout sans crainte, malgré tout ce qu'on fait ici pour l'inspirer aux témoins. »

Cependant Lesurques et son défenseur ne désespéraient pas encore. Si les quinze témoins de l'*alibi* avaient été défavorablement écoutés ou réduits au silence, quatre-vingt-trois témoins honorables attestaient la moralité de Lesurques, comme ils attestaient sa fortune, si ridiculement niée par l'acte d'accusation. Le président Gohier repoussa tous ces témoignages. — « Quel est l'état de vos revenus? demanda-t-il pour la forme à Lesurques. — Ils peuvent se monter à douze mille francs.— Qu'est-ce que cela? Sans doute, vous voulez parler d'assignats? — Non, citoyen Président; mon revenu est en fermages et en argent. » — Alors Gohier, se tournant vers les jurés : — « On voudrait vous faire croire que les crimes n'appartiennent qu'aux pauvres ; mais, si les petits crimes appartiennent aux pauvres, les grands crimes appartiennent aux riches. »

Sophisme de la prévention! on a nié, on niera encore la fortune de Lesurques, pour l'accabler de ses dépenses faites sans ressources apparentes; mais, à l'occasion, on n'en tire pas moins un argument meurtrier de cette fortune qu'on ne voulait pas voir !

Malgré l'évidente partialité du magistrat, le défenseur de Lesurques espérait toujours : c'est qu'il avait la certitude de l'innocence de son client. Avant l'ouverture des débats, le défenseur de Courriol lui avait dit, à lui et à l'avocat de Guesno : « Je ne puis m'expliquer sur Courriol; mais défendez vos clients avec confiance; car ils sont innocents l'un et l'autre. »

Lesurques répondit avec beaucoup de simplicité et de fermeté sur les différents griefs de l'accusation, dont l'incident Legrand augmentait si fort l'importance. Il avait à son dossier un passe-port à son nom, daté du 18 fructidor an III ; il soutint que, citoyen paisible, entouré d'amis, présentant toutes les garanties imaginables de situation et de moralité, il n'avait pas besoin de posséder, en outre de ce passe-port, une carte de sûreté. D'ailleurs, un criminel eût-il oublié cette précaution vulgaire ? La carte de sûreté qu'il avait dans son portefeuille, au nom d'André Lesurques, était-il bien étonnant qu'il l'eût ramassée sur un meuble, dans l'appartement qu'il occupait en commun avec son cousin ? La carte de sûreté *en blanc* dont on lui reprochait la détention, et qu'on avait trouvée dans la poche de derrière de sa redingote, pêle-mêle avec quelques chiffons de papier sans valeur, elle n'était pas, comme l'insinuait l'accusation, toute prête à servir et valable ; elle ne portait ni sceau ni timbre de section. Lesurques l'avait trouvée parmi des masses de papiers inutiles, vendus lors de la suppression des sections. Dans l'état, elle ne pouvait servir à personne ni faciliter sa fuite. D'ailleurs, avait-il voulu fuir ? Toute sa conduite, après le crime, n'était-elle pas celle d'un homme qui n'a rien à redouter ? C'est ainsi qu'il s'expliqua encore sur un incident que l'accusation cherchait à grossir. On a vu que Lesurques avait parlé d'un déjeuner auquel il avait assisté, le 11 ou le 12 floréal, avec Guesno, chez

Richard ; on représentait ce repas comme une entrevue dans laquelle Richard, Guénot, Lesurques et Courriol auraient partagé les fruits du crime. Lesurques déclara, comme il l'avait toujours fait, que, ce jour-là, il avait vu pour la première fois Courriol, dont il ne savait que le prénom d'Étienne, et sa concubine, la Bréban. Tout fut inutile : la conviction du président Gohier était formée; elle domina le jugement, comme elle avait dominé les débats. L'accusateur public persista dans toutes les charges exprimées par l'acte d'accusation ; puis, le président Gohier fit le résumé. Cette analyse des débats, quand elle est faite avec exactitude, avec lucidité, avec impartialité, est un excellent aide-mémoire pour les jurés ; quand elle n'est qu'un réquisitoire itératif, on ne conçoit pas d'acte plus dangereux, plus déloyal : l'accusation, contre le vœu de la loi, contre les plus simples notions de bon sens, de justice, d'humanité, y dit le dernier mot. Le résumé du président Gohier fut une discussion partiale, accusatrice, un réquisitoire nouveau, sans réponse possible.

Après ce prétendu résumé, les questions suivantes furent posées au jury :

1° Est-il constant qu'il a été commis un homicide sur la personne du citoyen Excoffon, courrier de la malle de Lyon, dans la nuit du 8 au 9 floréal dernier, sur la route de Paris à Melun ?

Étienne Courriol, Joseph Lesurques, Charles Guénot, David Bernard sont-ils convaincus d'avoir

5

participé à cette action, de l'avoir fait volontairement, de l'avoir fait sans indispensable nécessité d'une légitime défense de soi-même ou d'autrui, de l'avoir fait sans provocation violente, de l'avoir fait avec préméditation ?

2° Est-il constant qu'il a été commis un homicide sur la personne du citoyen Audebert, postillon, dans la nuit du 8 au 9 floréal dernier, sur la route de Paris à Melun ?

Étienne Courriol, Joseph Lesurques, Charles Guénot, David Bernard sont-ils convaincus d'avoir participé à l'homicide commis, de l'avoir fait volontairement, etc. ?

3° Est-il constant qu'il a été pris de l'argent monnayé, des promesses de mandats, des assignats et autres effets dans la malle du courrier de Lyon ?

Etienne Courriol, Joseph Lesurques, Charles Guénot, David Bernard sont-ils convaincus d'avoir participé à cette action, de l'avoir fait dans l'intention de voler, de l'avoir fait à force ouverte et avec violence, de l'avoir fait la nuit, sur un grand chemin, et portant des armes meurtrières ?

4° Joseph-Thomas Richard, Antoine-Philibert Bruer sont-ils convaincus d'avoir reçu gratuitement partie des effets volés, de l'avoir fait sachant que lesdits effets provenaient d'un vol, de l'avoir fait dans l'intention du crime ?

On voit éclater, dans cette position des questions, le système fâcheux que nous avons signalé. Des six accusés, compris dans une même accusation, quatre sont plus particulièrement désignés comme auteurs des deux homicides; et, parmi ces quatre, si nous laissons de côté Lesurques, dont la défense a été décapitée, il en est deux qui, évidemment, d'après les débats mêmes, n'ont pu participer aux homicides : c'est Guénot, dont l'*alibi* est prouvé; c'est David Bernard, qui a *peut-être* profité du crime, mais qui ne l'a pas commis. Bruer et Richard, accusés au même titre que Bernard et Guénot, également chargés par les témoignages, sont placés dans une autre catégorie. La prévention qui a dicté l'acte d'accusation, qui a présidé aux débats, inspire encore les questions posées au jury.

On était au 18 thermidor (5 août) : c'était le quatrième jour des débats. Les jurés entrèrent, à deux heures de relevée, dans la salle de leurs délibérations.

On attendait encore le verdict qui allait en sortir, lorsque se produisit un incident qui eût pu éclairer la justice, si la justice avait voulu être éclairée.

Une femme, dont la présence aux débats eût été, dès le commencement de cette affaire, considérée comme indispensable par tout magistrat digne de porter ce nom, Madeleine Bréban, demanda à faire au président du Tribunal une révélation des plus graves. Le président Gohier fit venir cette femme, qui lui dit : — Que, sur les six accusés présents, un seul était coupable, et c'était son amant, Courriol; qu'on s'exposait à condamner cinq innocents; que, particulièrement, Guénot et Lesurques étaient victimes de leur ressemblance avec deux des meurtriers ; que Guénot ressemblait au nommé Vidal ; que Lesurques ressemblait au nommé Dubosc, et que cette dernière ressemblance avait été encore augmentée par une perruque blonde que portait Dubosc le jour du crime.

« Les débats sont fermés, répondit M. Gohier ; Il n'est plus temps. »

Il n'est plus temps ! Fatale excuse de toutes les fautes qu'on va commettre. Il n'est plus temps d'être juste ! Il n'est plus temps d'arracher l'innocent à la mort et la justice à la honte ! Les débats sont fermés ! Eh ! qui vous empêche de les rouvrir, si la lumière enfin vient frapper vos yeux ? M. Gohier préféra ne pas voir la lumière : il n'était plus temps !!!

A huit heures du soir, le jury rentra dans la salle des audiences. Sur sa déclaration fut rendu le jugement suivant :

Attendu,

Première série,

Qu'il a été commis un homicide sur la personne du citoyen Excoffon, courrier de la malle de Lyon, dans la nuit du 8 au 9 floréal dernier sur la route de Paris à Lyon ;

Deuxième série,

Qu'Étienne Courriol est convaincu d'avoir participé à cette action ; qu'il l'a fait volontairement ; qu'il l'a fait sans l'indispensable nécessité d'une légitime défense de soi-même ou d'autrui ; qu'il l'a fait sans provocation violente, qu'il l'a fait avec préméditation ;

Que Joseph Lesurques est convaincu d'avoir participé à cette action, qu'il l'a fait volontairement, etc.;

Que Charles Guénot n'est pas convaincu d'avoir participé à l'homicide commis;

Que David Bernard est convaincu, etc., comme en ce qui concerne Courriol, ci-dessus, et jusqu'à préméditation;

Troisième série,

Qu'il a été pris de l'argent monnayé, des promesses de mandats, des assignats et autres effets, dans la malle du courrier de Lyon;

Qu'Étienne Courriol et Joseph Lesurques sont convaincus d'avoir participé à cette action; qu'ils l'ont fait dans l'intention de voler; que le vol a été commis à force ouverte et par violence; qu'il a été commis sur un grand chemin; qu'il a été commis la nuit; qu'il a été commis par plusieurs personnes; que les coupables étaient porteurs d'armes meurtrières;

Que Charles Guénot n'est pas convaincu d'avoir participé à cette action;

Que David Bernard est convaincu d'avoir participé à cette action; qu'il l'a fait dans l'intention de voler;

Quatrième série,

Que Pierre-Joseph-Thomas Richard est convaincu d'avoir reçu gratuitement partie des effets volés; qu'il l'a fait sachant que lesdits effets provenaient d'un vol; qu'il l'a fait dans l'intention du crime;

Qu'Antoine-Philibert Bruer n'est pas convaincu d'avoir reçu gratuitement partie des effets volés ;

L'ordonnance rendue aujourd'hui par le citoyen Président, portant que Charles Guénot et Antoine-Philibert Bruer sont acquittés de l'accusation portée contre eux, et ordonne qu'ils seront mis en liberté sur-le-champ, s'ils ne sont détenus pour autres causes, et néanmoins qu'il sera sursis à l'exécution de ladite ordonnance pendant vingt-quatre heures, conformément à la loi ;

Le Tribunal, après avoir entendu le citoyen Desmaison, substitut-commissaire du pouvoir exécutif.... ;

Condamne Étienne Courriol, Joseph Lesurques et David Bernard à la peine de mort ;

Condamne Pierre-Thomas-Joseph Richard à la peine de vingt-quatre années de fers et six heures d'exposition ;

Condamne Courriol, Lesurques, Bernard et Richard, solidairement les uns pour les autres, à payer sur leurs biens, par forme de dommages-intérêts, la valeur des objets appartenant à la République et aux différents particuliers, dont était chargée la malle dudit Excoffon, suivant sa lettre de voiture au départ, et qui se sont trouvés en déficit.

Il faut que chacun, en ce monde et devant Dieu, soit responsable de ses œuvres. Ce jugement appartient en propre : 1° Au citoyen *Mennessier*, directeur du jury de Melun, qui rédigea l'acte d'accusation du 9 messidor; 2° au citoyen *Desmaison*, substitut commissaire du pouvoir exécutif près le Tribunal criminel de Paris, qui accepta aveuglément les erreurs de l'acte d'accusation; 3° et surtout au citoyen *Gohier*, président aveugle et sourd, violent et partial.

Les membres du jury, trompés, entraînés, il faut les plaindre, non les accuser, comme aussi les juges qui appliquèrent la sentence, mais qui ne l'avaient pas dictée (1).

Ce jugement à jamais déplorable fit courir un frisson de terreur dans la foule des spectateurs et des défenseurs officieux. Guénot et Bruer acquittés, Lesurques condamné à mort! Les témoins qui avaient reconnu Bruer et Guénot, convaincus d'erreur; les témoins qui avaient reconnu Lesurques, déclarés infaillibles! L'*alibi* de Bruer et de Guénot admis sans conteste; celui de Lesurques repoussé! Bernard, qui n'avait pu assister au meurtre, condamné comme meurtrier! Il y avait là assez de contradictions pour confondre la raison humaine.

Quand Lesurques entendit son arrêt, il pâlit affreusement, leva au ciel des yeux et des mains égarés; puis, domptant sa terreur et sa surprise, il dit, d'une voix claire et vibrante :

« Sans doute le crime dont on m'accuse est hor-

---

(1) C'étaient les citoyens *Roidot* et *Doillot*, juges au Tribunal criminel, *Dermeuse* et *Godefroy*, juges au Tribunal civil.

rible et mérite la mort; mais, s'il est affreux d'assassiner sur une grande route, il ne l'est pas moins d'abuser de la loi pour frapper un innocent. *Un moment viendra où mon innocence sera reconnue, et c'est alors que mon sang rejaillira sur la tête des jurés qui m'ont trop légèrement condamné, et du juge qui les a influencés.* »

Jurés, juges, accusateur public, durent frémir en entendant ces paroles, qu'on n'entend jamais sans une émotion terrible, si l'on est honnête homme; mais ce pouvait être là une de ces protestations banales, dans lesquelles s'obstine inutilement un coupable. Que devinrent-ils donc lorsqu'ils virent se lever à son tour le coupable reconnu, Courriol, qui s'écria : « *Lesurques et Bernard sont innocents. Bernard n'a fait que prêter les chevaux; Lesurques n'a jamais pris aucune part à ce crime.* »

On ramena les condamnés à la Conciergerie. M. Le Roy, que nous avons déjà cité, va nous montrer Courriol persistant à déclarer l'innocence de Lesurques.

« A la sortie du Tribunal, les condamnés furent
« amenés au greffe de la prison, où je me transpor-
« tai, et j'entendis les coupables, qui alors avouaient
« leur crime, *assurer que le sieur Lesurques ne l'é-
« tait pas, et qu'il avait été pris pour un autre.* Ce
« malheureux ne sortira jamais de ma mémoire, et
« je ne puis y songer sans frémir. Cette triste scène
« se passa, en présence du fils du concierge et de
« plusieurs guichetiers dont je ne me rappelle pas

« les noms, sinon de Richard, concierge, et de son
« fils, greffier. »

Mais le président Gohier l'avait bien dit : il n'était plus temps.

CHAPITRE VII.

Pourvoi en cassation. — Déclarations nouvelles de Courriol; nouveaux témoins entendus. — Inscription en faux contre le procès-verbal des débats; suite de l'incident Legrand. — Rejet du pourvoi. — Requête au Directoire; message du Directoire aux Cinq-Cents. — Lettre et Mémoire de Courriol. — Rapport de la commission des Cinq-Cents; objections et discussion; ordre du jour. — Adieux de Lesurques à sa famille et à ses amis. — Courriol atteste, jusqu'au pied de l'échafaud, l'innocence de Lesurques.

Rentré dans sa prison, Lesurques ne s'abandonna pas à une douleur inutile; il se pourvut immédiatement en cassation, et rassembla, pour dernière ressource, les éléments d'une requête au Directoire.

Courriol, cependant, comme obsédé par ce besoin de justice qui se réveille souvent, au moment suprême, dans le cœur des scélérats, Courriol s'occupait moins de lui-même que des innocents menacés du même sort que lui. Le 19 thermidor (6 août), c'est-à-dire le lendemain de l'arrêt, il demanda instamment à faire des révélations aux magistrats du Bureau central. Appelé devant eux, il leur dit :

« Lesurques et Bernard sont innocents du crime pour lequel ils ont été condamnés à la peine de mort, ainsi que le nommé Richard, condamné aux fers. Les véritables coupables sont Dubosc et Vidal. Madelaine Bréban peut donner des renseignements sur Dubosc et Vidal. »

Le 21 du même mois, il supplie les mêmes magistrats de l'entendre. Il a de nouveaux renseignements à donner ; il veut faire connaître la vérité tout entière. Il est entendu. Il ajoute à ce qu'il a dit précédemment : « Les véritables coupables de l'assassinat du courrier de Lyon sont les nommés Dubosc, Vidal, Durochat et Roussy. Durochat, sous le nom de Laborde, a pris une place dans la malle de Lyon, à côté du courrier. Les autres sont partis, le 8 floréal dernier, de Paris, montés sur les chevaux de lui, Courriol. Il les a rejoints, une heure après leur départ, à la barrière de Charenton. Ils ont dîné et pris le café à Montgeron. Le lendemain, ils sont rentrés tous les cinq à Paris, à cinq heures du matin. Lui, Courriol, a mené les chevaux, avec Vidal, chez Aubry, rue des Fossés-Saint-Germain. Les trois autres, savoir : Durochat, Roussy et Dubosc, ont été chez ce dernier, rue Croix-des-Petits-Champs, où lui, Courriol, et Vidal, les ayant rejoints, les partages se sont effectués. Roussy et Durochat ont été les chefs de l'entreprise. Le sabre et l'éperon appartiennent à Dubosc, qui est retourné chercher le sabre à Lieursaint; l'autre sabre, trouvé sur la route, appartient à Roussy. C'est Dubosc et Vidal qui se sont promenés dans Lieursaint, à pied. »

Il n'était pas possible de repousser des déclarations aussi précises, aussi désintéressées. Un officier de police fut commis pour examiner les aveux de Courriol et pour entendre les témoins qu'il désignait.

Le 17 vendémiaire suivant (8 octobre), sur les indications de Courriol, l'officier de police judiciaire de la section du Temple reçoit de nouvelles dépositions.

Cauchois, menuisier, et *Goulon*, cordonnier, déclarent « qu'à l'époque du jugement de Courriol, la fille Bréban était venue les voir, qu'elle leur avait dit : —*Il va périr des innocents ;* Courriol seul est coupable. Il y a longtemps que les autres sont partis. Durochat et Vidal sont les vrais coupables. *Lesurques a été pris pour un autre ; ce qui a causé la méprise, c'est que Lesurques a des cheveux blonds et que l'autre avait une perruque blonde.* »

Cauchois ajoute « qu'aussitôt qu'il avait été instruit de ces faits, il avait fait des démarches auprès des juges du Tribunal et du citoyen Daubanton, juge de paix, *sans avoir pu en obtenir satisfaction.* »

Le sieur *Perrin*, portier d'une maison sise rue des Fontaines, déclare « qu'il avait logé chez lui, au mois de prairial, un particulier qui se nommait Vidal;

que, quinze jours après, il lui avait dit qu'il allait partir pour Lyon ; que, pendant les quinze jours qu'il avait logé chez lui, il avait vu venir plusieurs fois *un grand homme blond,* un autre petit de taille, et un troisième homme trapu, ainsi qu'une femme de leur compagnie. »

Madeleine Bréban dit : « Avant l'assassinat du courrier de Lyon, Vidal et Roussy venaient souvent chez Courriol ; Dubosc y venait aussi quelquefois. *Je n'y ai jamais vu venir Lesurques ;* j'ai seulement vu ce dernier, *qui ressemble beaucoup à Dubosc,* une seule fois chez Richard, après l'époque du 8 floréal. »

Elle indique la demeure de Dubosc, donne son signalement, ainsi que ceux de Vidal et de Roussy.

Elle ajoute ensuite : « Le 9 floréal, Bruer et Bernard sont venus me prendre chez moi, m'ont conduite chez Dubosc, rue Croix-des-Petits-Champs, où était Courriol ; là, je lui ai porté des habits pour changer. Le jour du jugement j'ai déclaré à peu près les mêmes faits au président du Tribunal. Le lendemain de ce jugement, j'ai fait une pareille déclaration au Bureau central. »

Cette ressemblance de Lesurques avec Dubosc ; cette perruque blonde qui avait encore accru les chances d'une méprise ; ces visites du grand blond chez Perrin, au mois de prairial, c'est-à-dire lorsque Lesurques était déjà sous les verroux : pour des juges moins prévenus, c'était un démenti évident à l'arrêt du Tribunal criminel.

Le procès-verbal même des débats portait des

traces nombreuses de cette légèreté, de ces préventions, qui avaient aveuglé la magistrature. On y voyait des ratures, des renvois, des dates fausses, des faits controuvés. Lesurques s'inscrivit en faux contre ce procès-verbal. Et c'est ici le lieu de revenir sur l'incident Legrand, à propos duquel nous avons dû suspendre notre jugement sur les assertions de ce procès-verbal.

Legrand, d'après ce document, aurait *rétracté*, à l'audience, ses dépositions précédentes, comme n'étant basées que sur la *fausse date* du registre, date dont il n'avait pas aperçu la *falsification*. L'honorable défenseur de Lesurques, M⁰ Guinier, donna, dans un écrit public, quelque temps après le jugement, le démenti le plus formel à ces assertions. Il y dit :

« J'ignore ce que Legrand, prévenu de faux, mis en état d'arrestation, aura pu dire pour sa défense. Si, contre la vraisemblance, il a attesté que son registre avait, à son insu, été falsifié sur sa boutique; si ce moyen de se soustraire à une instruction criminelle, qui s'apprêtait contre lui, est le seul qui lui ait été suggéré, ou qu'il l'ait trouvé lui-même, il n'en est pas moins vrai, et j'*atteste la vérité de ce fait*, qu'à l'audience il soutint la date véritable; il soutint n'avoir commis aucun faux, et, s'*il y avait une rectification*, ce ne pouvait être qu'à l'époque même de cet enregistrement, et persista à soutenir la vérité du fait et de la date à laquelle il le rappelait.

« Mais voici un argument plus fort, un argument auquel je prie MM. les rapporteurs de vouloir bien trouver une réponse, s'ils le peuvent.

« Si foi doit être ajoutée au procès-verbal, Legrand ne s'est aperçu de la falsification qu'après ses premières dépositions. La falsification est donc postérieure à ces dépositions. Mais, si elle est postérieure, elle n'existait donc pas quand le sieur Legrand a engagé les sieurs Hilaire Ledru et Aldenhof à déposer sur la foi de son livre? Mais, si cette falsification n'existait pas, si le registre portait un 9 sans surcharge, comment a-t-il invoqué le témoignage de ce registre? Comment a-t-il engagé les sieurs Aldenhof et Hilaire à déposer d'après ce registre? »

Ce qui ressort de cette déclaration, c'est l'erreur du greffier. D'ailleurs, aurait pu ajouter Me Guinier, Legrand devait attacher d'autant moins d'importance à cette date, qu'il affirmait, comme certain, que *pas un jour* ne s'était passé pour lui sans visite de Lesurques.

Après le jugement, le juge de paix commis à l'instruction contre Legrand, prévenu de faux témoignage, fit examiner la surcharge par un expert. Celui-ci déclara que le chiffre 8, substitué au chiffre 9, avait été tracé avec une autre plume et une autre encre, plus fraîche : ce qui éloignait toute idée de dol et de falsification adroitement tentée pour tromper les juges. On demanda à Legrand si sa déposition en faveur de Lesurques avait été sollicitée; il répondit : Non. « J'ai vu, dit-il, avant l'assignation, le défenseur de Lesurques, qui, ayant vu mon livre, me dit que je pouvais déposer d'après le renseignement du 8. J'ai reconnu la date fausse, mais je n'ai pas commis de faux. »

On le voit, Legrand peut avouer dans son trouble que la date n'est pas celle qu'il avait mise en avant, qu'il y a eu une *rectification* relativement au jour de la transaction Aldenhof ; mais la terreur de la justice ne peut le porter à parler de *falsification*. Dans sa pensée, la date indiquée et son rapprochement avec la visite de Lesurques et d'Aldenhof, persistent comme impression première. Il n'est donc pas vrai, comme l'affirme le procès-verbal, que Legrand ait reconnu une falsification postérieure à ses dépositions premières. Postérieure, elle n'eût donc pas existé encore lorsque Legrand engageait Ledru et Aldenhof à déposer sur la foi de son livre? elle n'eût donc pas existé lorsque Me Guinier considérait cette date du 8 comme un argument sauveur? Le plus probable est que Legrand, Me Guinier, Ledru, Aldenhof, avaient vu le chiffre 8, sans se préoccuper de la surcharge, sans apercevoir le chiffre fatal auquel on avait substitué le chiffre véritable.

Legrand fut renvoyé de la plainte.

Tous ces indices, il faudrait dire toutes ces preuves de l'erreur commise, ne purent prévaloir contre le jugement du Tribunal criminel; le pourvoi en cassation fut rejeté.

Alors, Me Guinier présenta requête au Directoire. Le droit de commutation et de grâce, le plus beau des droits de la royauté, avait disparu avec la royauté elle-même. Le Directoire n'avait, en pareil cas, d'autre privilége que celui de faire surseoir, jusqu'après vérification, à l'exécution d'une sentence.

Le procès du courrier de Lyon occupait vivement l'attention publique. Un grand nombre de personnes sans passion croyaient à l'innocence de Lesurques. On savait que Courriol persistait dans ses déclarations, et qu'à Bicêtre, où les condamnés avaient été transportés, il répondait à Bernard, qui lui reprochait de déployer pour Lesurques plus de zèle que pour un ami : — « Tu n'as pas assassiné le courrier, mais tu as profité de l'assassinat ; Lesurques n'a ni assassiné ni profité du vol. Il nous est tout à fait étranger ; tu le sais aussi bien que moi. » Le Directoire examina donc, avec la plus honorable sollicitude, toutes les pièces du procès, toutes les raisons apportées contre le jugement. Le résultat de cet examen fut sa détermination de soumettre cette affaire à la décision du Conseil des Cinq-Cents. Le 27 vendémiaire (18 octobre), le Conseil des Cinq-Cents reçut des directeurs le message suivant :

« Citoyens législateurs,

« Le nommé Lesurques, condamné à mort, avec un nommé Courriol, pour l'assassinat du courrier de Lyon, a été déclaré innocent par ce dernier, après le jugement rendu contre eux. Courriol a assuré que la ressemblance de Lesurques avec un des complices de l'assassinat, qu'il nomme et qui n'est pas pris, a pu tromper les témoins. Les déclarations de Courriol sont confirmées par celles de quelques autres personnes entendues après lesdites déclarations, postérieurement aussi, par conséquent, au jugement rendu.

« Lesurques, qui s'était pourvu en cassation, se réservait de faire valoir les moyens que ces déclarations lui présentaient, lorsqu'il aurait été renvoyé par-devant le nouveau tribunal qu'il demandait ; mais le Tribunal de cassation a trouvé que toutes les formes prescrites par la loi avaient été observées. Il n'a pu conséquemment casser la procédure.

« Quelle marche convient-il de suivre dans cette circonstance ? *Lesurques, s'il est innocent, doit-il périr sur l'échafaud, parce qu'il ressemble à un coupable ?* Le Directoire appelle votre attention sur cet objet, Citoyens représentants, et il vous fait observer qu'il n'y a pas un moment à perdre, puisque demain matin le jugement à mort doit être exécuté. »

A la lecture de ce message, deux députés, les citoyens Bailleul et Guérin (du Loiret), firent adopter la proposition d'un sursis à l'exécution de la sentence et la nomination d'une commission spéciale de trois membres pour faire un rapport sur cette affaire. Pendant que la commission examinait les pièces, le Directoire recevait des déclarations nouvelles et adressait un nouveau message ; Courriol, de son côté, adressait aux directeurs cette lettre pressante :

« Il est donc vrai que je devais ajouter à mon crime un double assassinat ! Les déclarations véridiques que je n'ai cessé de faire n'ont pu faire rendre justice à deux innocents qui vont périr victimes de l'erreur. Puis-je espérer au moins que, pour venger leur mort, vous donnerez des ordres très-exprès de faire rechercher *les quatre individus que j'ai désignés et qui sont mes seuls complices?* Avant que ces pauvres malheureux qu'on va sacrifier fussent mis en jugement, la fille Bréban, avec qui je vivais, avait déclaré au commissaire du pouvoir exécutif près la municipalité de Melun que, des six personnes arrêtées pour cette affaire, j'étais le seul coupable. Si elle n'a pas fait cette déclaration devant le Tribunal, c'est par une *timidité* impardonnable. La vérité ne peut manquer de se montrer ; *avant peu vous en serez persuadés, mais il ne sera plus temps;* les innocents auront péri! Oui, je le répète, les innocents ! je ne cesserai de le répéter jusqu'à mon dernier soupir ! »

A cette lettre de Courriol était joint un Mémoire dans lequel il donnait les détails les plus minutieux sur le crime et sur ses complices. Mᵉ Guinier, de son côté, était parvenu à découvrir la retraite de Laborde, le voyageur de la malle, que la Bréban et Courriol désignaient sous le nom de Durochat, et dont le vrai nom était Véron ; il avait aussi retrouvé la piste de Vidal et de ce Dubosc, le grand blond, dont la ressemblance avait été si fatale à Lesurques : il se hâta d'adresser ces renseignements à la police. Fatalité ou négligence, la police manqua ces trois hommes.

Le rapporteur choisi par la commission des Cinq-Cents était *Joseph-Jérôme Siméon*, jurisconsulte éminent, homme de cinquante-cinq ans, connu pour la modération de ses idées ; un des membres de la commission était un ancien conventionnel, régicide des plus exaltés. Quelle influence domina dans la commission, nous ne saurions le dire ; quoi qu'il en soit, le rapport s'exprimait ainsi :

« A côté des crimes atroces qui affligent et attaquent la société, il est beau de voir la sévérité des lois occupée à les réprimer, et la bienfaisante humanité veiller auprès des tribunaux pour aider à la défense des accusés et au triomphe des innocents.

« En remontant à l'ancienne institution des jurés, la représentation nationale avait pensé que tout était fait pour la découverte de la vérité en matière criminelle, et cependant un cas récent semble se jouer de la prévoyance des législateurs.

« La loi égarée, peut-être, prête à frapper un citoyen, victime, dit-on, de sa funeste ressemblance avec un coupable ; un grand pouvoir, craignant de passer ses pouvoirs, même pour suspendre ce qui lui était présenté comme une injustice irréparable et sanglante ; une section du Corps législatif surprise un moment, cherchant dans les lois des moyens qu'elle n'y aperçoit pas, mais cédant à ce mouvement d'humanité et de justice qui, comme la nécessité, s'élève au-dessus de toutes les lois et défend à grands cris de verser le sang innocent : tel est l'intéressant tableau qu'a présenté votre séance du 27 vendémiaire.

« C'est dans de pareilles circonstances qu'aucune disposition légale ne saurait enchaîner la première impulsion du sentiment. C'est alors que la loi, qui pardonne à un père de défendre son fils, même par un meurtre, enjoint à tous ses magistrats de sauver, s'ils le peuvent, un citoyen des erreurs qu'elle a pu commettre. Qu'est-ce, en effet, que la nécessité d'exécuter un jugement criminel dans les vingt-quatre heures, à côté du devoir de conserver la vie à un homme injustement condamné?

« Félicitons-nous donc, comme d'une bonne action, d'avoir indiqué au Directoire exécutif que, dans des circonstances aussi extraordinaires, il est dans ses pouvoirs de surseoir, non à un jugement dont il ne peut connaître, mais à une exécution dont ses agents sont chargés.

« Il est possible qu'une combinaison adroite, une collusion officieuse entre un coupable et ses complices aient tendu un piége à votre sensibilité: n'importe; il vaut mieux se convaincre qu'on a été trompé, que de refuser, de peur de l'être, de s'éclairer et de s'exposer à des regrets. Nous compterons le 27 vendémiaire au nombre de nos jours heureux, si nous avons pu, ce jour, sauver un innocent. »

On saisit déjà, dans cet exorde du rapport, le système de la commission ; elle a grand souci de l'innocente, mais elle ne voit dans les déclarations favorables à Lesurques qu'une « combinaison adroite », une « collusion officieuse. » Mais continuons l'analyse du rapport.

« Deux grandes pensées » avaient guidé les commissaires : celle d'apercevoir clairement l'innocence du condamné, celle de trouver les moyens légaux de pourvoir à son salut et de garantir en même temps celui des infortunés qui pourraient tomber dans le même malheur.

Après un rapide examen des faits, le rapporteur pesait les dépositions de Courriol, et supposait qu'elles pouvaient avoir été achetées par Lesurques, qui était riche ; d'ailleurs, ayant été faites après le jugement, ces dépositions d'un condamné n'avaient aucune force légale. Aux dépositions de la Bréban et des autres témoins pour Lesurques, il opposait les témoignages de Lieursaint et de Montgeron. Les complices désignés par Courriol étaient donc des êtres de raison, puisque les témoins de Montgeron et de Lieursaint avaient reconnu Lesurques : Lesurques, l'homme à l'éperon cassé, l'homme sans passe-port ni carte de sûreté, l'homme au déjeuner chez Courriol. Courriol, d'ailleurs, n'affirmait-il pas aussi l'innocence de Bernard et de Richard, dont la culpabilité ne pouvait faire doute? L'incident Legrand servit au rapporteur à apprécier les dépositions à décharge, et il passa sous silence tous les autres témoins de l'*alibi*, excepté Clotilde d'Argence.

« A défaut du premier *alibi*, un autre a été proposé. Il a passé la soirée du 8 floréal chez une *fille* nommée d'Argence. On a voulu savoir si cette date du 8 floréal était une leçon répétée machinalement par cette jeune fille, ou si c'était l'expression d'un fait vrai. On lui a demandé si elle connaissait le nouveau calendrier; quel mois précède, quel mois suit celui de floréal; combien ces mois ont de jours; elle l'a ignoré. Cette fille d'Argence est une inconnue qu'on ne trouve point au domicile qu'elle s'est donné.

« Et c'est d'après ces honteux essais, ajoutait le rapport, après que trois jours et trois nuits ont été épuisés en débats, après que quatre-vingts témoins à décharge ont été entendus pour Lesurques, après que les jurés ont prononcé que les accusés étaient convaincus, qu'on essaye de substituer, à d'inutiles et fausses défenses produites légalement, des déclarations illégales, et, ce qui est pire, insignifiantes ! »

Le rapporteur passait ensuite aux considérations relatives à la révision des procès criminels :

« Le Conseil, disait-il, n'a point à exercer le pouvoir judiciaire; il ne veut point l'exercer. On ne pourrait établir la révision des procès criminels sans bouleverser de fond en comble l'institution des jurés. Il n'est point de notre compétence de prononcer si Lesurques est innocent ou coupable. Il est jugé et valablement jugé. La justice, dont l'action n'a point été suspendue, mais la rigueur différée, comme il arrive quand une femme convaincue se déclare grosse, doit reprendre son cours. Il serait dangereux d'introduire après coup de nouveaux moyens justificatifs en faveur des accusés. On se fonderait en vain sur le prix inestimable de la vie ; *il faut considérer le bien général.* Tout accusé trouverait bientôt le moyen d'éluder sa condamnation en obtenant de la commisération ou de l'intérêt des déclarations officieuses.

« Si l'on avait introduit dans l'ancien régime des lettres de révision, c'est que les formes de la procédure étaient inquisitoriales ; et ces lettres étaient obtenues plus souvent par le crédit et la fortune que par la justice.

« L'institution du jury a tout réparé. Il est possible qu'il sauve beaucoup de coupables, presque impossible qu'il frappe des innocents.

« La loi n'a prévu qu'un seul cas, c'est celui où le Tribunal, unanimement d'avis que les jurés se sont trompés, appelle les trois adjoints pour délibérer de nouveau ; mais cette mesure ne peut avoir lieu qu'avant le prononcé du jugement : après le jugement, tout est consommé. Lorsque les jurés ont déclaré l'accusé convaincu, le recevoir encore à disputer sur cette conviction, c'est détruire toutes les règles de l'ordre judiciaire, c'est préparer de vastes bases à l'impunité, c'est livrer la société à l'audace des scélérats, et la justice à leur décision. »

Si Lesurques n'avait pas été coupable, que n'arrachait-il la vérité à Courriol pendant les débats ? Pourquoi sa défense, fière, sèche et hautaine, n'avait-elle pas eu l'accent persuasif de l'innocence calomniée ? Enfin, le Tribunal de cassation n'avait aperçu aucun indice d'innocence, puisqu'il avait rejeté le pourvoi.

Tel fut le rapport de la commission; la conclusion s'y lit dès les premières lignes : le rapporteur proposait l'ordre du jour.

Des protestations nombreuses, des Mémoires nouveaux furent opposés au rapport. Un magistrat honorable, celui-là même qui avait fait l'instruction première et qui avait eu le malheur de faire arrêter Lesurques, le juge de paix Daubanton, sûr maintenant de l'innocence de Lesurques, allait partout proclamant l'erreur de ses juges, et substituait son activité personnelle à l'incurie de la police.

Parmi les Mémoires favorables à Lesurques, que reçut le conseil, on remarqua celui du défenseur, M⁰ Guinier. Il avait pour titre : *Observations sur le rapport de la commission chargée par le conseil des Cinq-Cents d'examiner l'affaire du nommé Lesurques*. M⁰ Guinier y signalait courageusement l'étrange conduite du président Gohier.

« Je n'ai cessé d'assister aux débats, et j'ai été frappé de cette différence. Les inconséquences des observations du Président aux jurés étaient saillantes. Il parla le dernier; il *discuta* quand il devait se renfermer dans un simple résumé, et, les débats ainsi fermés, les accusés ni les défenseurs n'ont pu relever ses erreurs.

« J'avoue que l'institution du jury est favorable aux accusés; mais je n'en suis pas moins persuadé qu'elle peut frapper un innocent, surtout lorsque

l'on s'écarte des règles qui en font la sauve-garde, lorsqu'au lieu de l'impartialité du magistrat on ne trouve que *la prévention et l'acharnement*, lorsque l'accusé est traité avec cette rigueur que la loi défend et qui annonce *un condamné avant qu'il ait été entendu*. La conduite tenue dans cette sanglante affaire me révolte ; mon cœur se comprime ; je commande à mon indignation. »

Cette prévention, qui ne la reconnaîtrait encore dans le rapport de M. Siméon ? D'abord le point de départ en est faux : il ne s'agit pas du tout d'apercevoir clairement l'innocence de Lesurques, mais, en présence d'un doute terrible, de rechercher son Sosie. Le rapport supposait l'existence d'un marché entre Lesurques et Courriol, et se fondait sur ce que les déclarations de ce dernier avaient été postérieures au jugement. Mais n'était-ce pas oublier ce qu'indiquait le plus simple bon sens, à savoir que Courriol n'avait pas voulu avouer son crime avant d'être condamné ? Et ce marché, quels avantages pouvait-il assurer à Courriol, sans famille, sans un être au monde à qui léguer le prix de son mensonge, puisque sa maîtresse elle-même l'avait trahi ? D'ailleurs, Lesurques était donc riche maintenant, tandis qu'au Tribunal on le déclarait sans ressources !

Les déclarations d'un condamné ne font pas foi en justice ! Non, mais, dans un cas aussi grave, elles doivent avoir, pour l'honnête homme, au moins la valeur d'un renseignement. Elles ne sont pas isolées, d'ailleurs. Et elles valent si bien quelque chose que, d'après elles, on a déjà recherché, on recherchera encore, on finira par retrouver ces complices que vous déclarez des êtres de raison. Et cette attitude de Lesurques aux débats, qu'on calomnie, tandis qu'on passe sous silence les violences et l'aveuglement du juge ! Et tous ces témoins de l'*alibi* qu'on supprime, ne parlant que de ceux qu'on pense prendre en faute ! Le rapport triomphe sur l'incident Legrand et, en passant, déguise étrangement la vérité ! « Lesurques lui-même, y est-il dit, est convenu que tous ces témoignages sur sa présence chez Legrand, depuis neuf heures du matin jusqu'à deux, devaient êtres rejetés. » Lesurques n'avait pas plus dit cela, que Legrand n'avait reconnu la falsification. « Je consens, avait-il dit seulement, à ne point faire usage pour ma défense, du témoignage du sieur Legrand. » Que si le rapporteur voulait annuler, avec le témoignage de Legrand, ceux qui s'appuyaient sur la date du livre et qui naissaient de ce témoignage, il n'avait pas le droit de mettre à néant les douze témoignages se rapportant à des circonstances et à des heures différentes.

La prévention est visible dans l'appréciation du témoignage de l'ouvrière en linge, que l'on représente à tort comme une *fille*; que l'on rejette parce que, comme des millions d'autres Français, elle ne sait pas bien établir les rapports entre le calendrier grégorien et le calendrier républicain. D'ailleurs, cette jeune fille avait vu Lesurques tous les jours. Enfin, le rapporteur déclare contre toute vérité qu'on n'avait point trouvé cette fille à son prétendu domicile, qu'on ne savait qui elle était. Elle avait été assignée, sur les indications de M⁰ Guinier, à son logement de l'hôtel de Cherbourg, et elle avait obéi à l'assignation, puisqu'on l'avait entendue.

Faut-il encore ajouter que, malgré l'évidence de l'erreur déplorable contenue dans l'acte d'accusation de Melun, dans le résumé du président Gohier, erreur flétrie par M⁰ Guinier, flétrie par le témoin le plus sûr, le juge de paix Daubanton lui-même, le rapport de M. Siméon s'obstinait à parler des assiduités de Lesurques au Bureau central? « N'allait-il pas savoir ce qui se passait à la police? n'est-il pas à craindre qu'il n'y eût un grand intérêt? Cette *rotation autour du Bureau central* est bien loin d'être à sa décharge. »

Quand l'erreur arrive si tard pour justifier l'erreur, on est presque tenté de lui donner un autre nom.

Dans une seconde partie du rapport, M. Siméon fit à toutes les objections qu'on lui avait présentées, la courte réponse qu'on va lire :

« Le Conseil s'aperçoit sans doute où l'entraîne le mouvement d'humanité, qui, sur le premier message du Directoire exécutif, le porta à nommer une commission. Faire des preuves après un jugement, et quand il faudrait au moins les présenter toutes faites et brillantes de cette lumière qui dissipe tous les nuages et force le jour de l'évidence ; faire des preuves quand on a produit dans les débats quatre-vingts témoins à décharge, lorsque de l'accusation aux débats il s'est passé un si long délai ! Depuis près de cinq mois, Lesurques est en péril de la vie et ses preuves ne sont pas faites, et il lui faut encore accorder du temps !

« Mais est-il au pouvoir du Corps législatif de lui en donner? Votre commission est péniblement froissée entre la crainte de dissimuler des principes d'ordre public et le sentiment de la compassion. Ce matin, des Observations ont été distribuées aux membres du Conseil ; sans doute ils se seront empressés de les lire. On n'attend pas de moi que je les combatte ; c'est bien assez d'avoir eu à soutenir les larmes et le désespoir d'une femme et de trois jeunes enfants. Je ne suis ni l'adversaire ni le juge de leur mari et de leur père. Tant mieux s'il peut obtenir des membres du Conseil des moyens que la commission n'aperçoit pas.

« On vous l'a dit, ce n'est point au Corps législatif à juger Lesurques : il l'a été dans les formes prescrites par la Constitution ; il l'a été comme le sont tous les citoyens. S'il est vrai que son jugement soit injuste, il ne nous appartiendrait pas plus d'en connaître que de nous immiscer dans des actes de mauvaise administration. Dans tous les cas, nous serons sans regret à son égard, parce que nous sommes sans pouvoirs.

« Vous savez qu'en Angleterre, le condamné peut, avant l'exécution à laquelle les juges ont droit de surseoir à temps, plaider qu'il n'est pas la personne condamnée. Alors on enregistre de nouveaux jurés, non plus pour juger s'il est coupable ou innocent, mais s'il est ou n'est pas la personne qu'on a jugée. Mais ici c'est Lesurques qui a été mis en jugement, c'est lui qui a été condamné. Après une longue défense, il dit : Laissez-moi prouver que je ne suis pas coupable, que d'autres le sont. Que n'est-il en notre pouvoir de lui accorder ce que toutes les lois anciennes et récentes lui refusent, et d'épuiser toutes les ressources et tous les prétextes que lui suggère son salut ! Mais la Constitution est là qui vous défend de vous immiscer dans le pouvoir judiciaire ; mais la société est là qui vous avertit que bientôt elle n'aura plus de sauve-garde, si une fausse et cruelle pitié vous arrachait une loi que des circonstances prodigieuses pourraient seules autoriser.

« Si, vous érigeant en tribunal d'équité, vous vous exposiez à ce que chaque condamné vînt impétrer votre bienfaisance, comme autrefois celle des princes, comme eux vous seriez flattés et trompés, et, mettant des intentions et des sentiments à la place des règles, vous introduiriez, sous le prétexte le plus séduisant, un arbitraire dont l'exemple profiterait bientôt aux passions pour des innovations moins excusables.

« Votre commission persiste à vous proposer l'ordre du jour. »

Ce rapport, où l'on ne sent guère d'autre pensée que celle de justifier le jugement du Tribunal criminel, ne fut pas même imprimé et distribué aux membres du Conseil. Les Cinq-Cents étaient absorbés par la discussion d'une loi qui interdisait les fonctions publiques aux parents des émigrés : le Directoire voulait la conservation de la loi ; la majorité des Conseils en voulait l'abrogation : c'était, alors, le terrain de la bataille politique. Le Conseil entendit d'une oreille distraite la lecture du rapport et en vota rapidement les conclusions.

L'ordre du jour des Cinq-Cents, c'était l'arrêt de mort définitif de Lesurques.

Quand tout espoir fut perdu, Lesurques se prépara à la mort avec courage. Il avait fait ses derniers adieux à sa femme, embrassé pour la dernière fois ses trois jeunes enfants. Un ami qui n'avait pu le sauver, Hilaire Ledru, a retracé d'un crayon ému cette scène touchante. La veille du jour fatal, Lesurques coupa lui-même ses cheveux, et les partagea en boucles à l'adresse de la veuve et des orphelins. Pour sa femme, il écrivit cette lettre :

« Quand tu liras cette lettre je n'existerai plus ; un fer cruel aura tranché le fil de mes jours que je t'avais consacrés avec tant de plaisir. Mais telle est la destinée ; on ne peut la fuir en aucun cas. Je devais être assassiné juridiquement. Ah ! j'ai subi mon sort avec constance et un courage digne d'un homme tel que moi. Puis-je espérer que tu imiteras mon exemple ? Ta vie n'est point à toi, tu la dois tout entière à tes enfants et à ton époux, s'il te fut cher. C'est le seul vœu que je puisse former.

« On te remettra mes cheveux, que tu voudras

bien conserver, et, lorsque mes enfants seront grands, tu les leur partageras ; c'est le seul héritage que je leur laisse.

« Je te dis un éternel adieu. Mon dernier soupir sera pour toi et mes malheureux enfants. »

Cette lettre portait pour suscription : *A la citoyenne* VEUVE *Lesurques.*

A ses amis, il écrivait :

« La vérité n'a pu se faire entendre; je vais donc périr victime de l'erreur ; puis-je espérer que vous conserverez à mon épouse et à mes chers enfants la même amitié que vous m'avez toujours témoignée, et que vous les aiderez en toutes circonstances? Je remercie le citoyen Guinier, mon défenseur, des démarches qu'il a faites pour moi. Recevez tous mon éternel adieu. »

Prêt à sortir de la Conciergerie, il écrivit à Dubosc, et conjura ses juges de faire insérer cette lettre dans les journaux :

« Vous, au lieu duquel je vais mourir, contentez-vous du sacrifice de ma vie. Si jamais vous êtes traduit en justice, souvenez-vous de mes trois enfants couverts d'opprobre, de leur mère au désespoir, et ne prolongez pas tant d'infortunes causées par la plus funeste ressemblance. »

Un ami, Baudard, était venu lui apporter des consolations suprêmes. « Mon ami, lui dit-il, tu sais si je suis né pour le crime, tu sais combien je suis innocent de celui qu'on m'impute; et cependant, dans quelques heures, je passerai dans l'éternité. »

Resté seul, il mit ordre à ses affaires avec le calme le plus parfait, et dressa une liste intitulée : *État des dettes actives et passives de l'infortuné Lesurques.* On y lisait ce paragraphe : « Dû huit louis au citoyen Legrand, qui n'a pas peu contribué à me faire assassiner ; mais je lui pardonne de bon cœur, ainsi qu'à tous mes boureaux. »

Le jour du supplice arrivé (c'était le 9 brumaire an V, 30 octobre 1796), il demanda à revêtir des vêtements blancs, signe extérieur de son innocence. Dans la cour de la prison, il retrouva les deux malheureux avec qui il allait périr, Courriol et Bernard. Bernard, plus mort que vif, avait à peine le sentiment de sa situation : il fallut le porter dans la charrette, où il s'affaissa comme un cadavre ; Courriol avait conservé toute son énergie, et on eût dit qu'il était soutenu par l'accomplissement du devoir de conscience qu'il s'était imposé. A peine Lesurques fut-il monté à côté de lui dans la charrette, que, le montrant à la foule : « Je suis coupable, s'écria-t-il, mais Lesurques est innocent. » Et, jusqu'au pied de l'échafaud, il ne cessa de répéter : « Je suis coupable, mais Lesurques est innocent. »

Quelques minutes après, Lesurques montait d'un pas ferme sur l'échafaud, pardonnant une dernière fois à ses juges, et, dit éloquemment M. Salgues, se présentait devant le seul Juge qui ne soit point sujet à l'erreur.

CHAPITRE VIII.

La famille de Lesurques; séquestration de ses biens par le Domaine public; état de cette fortune. — Legrand, la mère et la veuve de Lesurques frappés de folie. — Arrestation de Durochat; ses aveux, sa condamnation.

Il y a quelque chose peut-être de plus affligeant que l'injustice même, c'est l'impossibilité de la réparer. A partir de ce jour fatal qui a consacré l'erreur des juges de Lesurques, l'histoire de ce procès n'aura plus à nous offrir que la douloureuse série des efforts tentés pour réparer l'irréparable.

Mais d'abord, l'erreur devait porter tous ses fruits : fruits amers, la douleur, la misère, la folie, infligés à la famille de l'innocent par l'arrêt coupable. En vertu du jugement du 18 thermidor an IV, le Domaine public avait à décerner une contrainte contre les héritiers de Lesurques, à fin d'exiger d'eux, comme solidaires et seuls solvables, la restitution indiquée, s'élevant à la somme de 75,000 f. Seulement, la plus simple probité faisait au fisc un devoir de défalquer de la somme répétée le cinquième saisi chez Courriol, l'argent et les valeurs trouvés chez Richard et chez Bernard. Il n'y avait même rien à répéter en remboursement de frais du procès. Ainsi largement diminuée, la somme exigible ne pouvait être prélevée que sur la moitié des biens appartenant à Lesurques, biens acquis en communauté, et dont moitié appartenait à la veuve, aux termes de la coutume de Douai. Mais le Domaine trouva plus simple de séquestrer *tous les biens* de Lesurques, en supposant la confiscation.

Alors, apparut clairement l'inqualifiable légèreté de l'accusation. Les biens de cet homme, qu'on avait représenté comme étant sans ressources et vivant d'une façon problématique, se trouvèrent composer une fortune considérable pour le temps. On constata que Lesurques était propriétaire de la ferme du Férein, dont le produit, en numéraire, s'élevait à 8,400 livres. Lesurques possédait, en outre, une jolie maison à Douai, et une autre petite terre que la famille put racheter en 1818. Il était, de plus, régisseur de deux terres, dont une appartenant à Mme de Folleville. Somme toute, son revenu annuel n'était pas de beaucoup inférieur à 12,000 livres, valeur en numéraire. Son passif était de huit louis dus à Legrand, et on n'y pouvait ajouter que quelques fournitures courantes.

Toute cette fortune tomba, par la plus inique des

illégalités, entre les mains du Domaine. L'innocence de Lesurques était déjà tellement reconnue par la conscience publique, et, il faut bien le dire, la moralité de l'administration était à ce point suspecte, que le bruit courut qu'on n'avait condamné Lesurques que pour s'emparer de ses biens. Le premier châtiment de l'injustice, même involontaire, c'est la calomnie. La misère, succédant tout à coup, pour la mère, la veuve et les trois enfants de Lesurques, à l'honorable aisance de la veille, ne fut pas leur plus dure épreuve. Ils ne firent entendre aucune réclamation contre la criante illégalité commise par le Domaine. Mais la perte d'un fils, d'un mari, d'un père bien-aimé; mais cette mort flétrissante et cette innocence certaine, leur furent une torture de tous les jours. Gaieté, santé, tout avait disparu de la pauvre maison, si cruellement visitée par le malheur. La raison des deux femmes s'altéra bientôt. Mais elles ne furent pas les premières frappées. Legrand, l'honnête et timide ami de Lesurques, cause innocente ou plutôt prétexte de la prévention, ne put soutenir la vue de ces malheurs qu'il avait indirectement causés; le pardon de Lesurques acheva de troubler sa raison chancelante, et sa famille dut le placer dans la maison d'aliénés de Charenton. Pendant quelque temps, il avait reçu les visites de la veuve et des enfants de son ami. Dans son égarement, il leur disait : — « Où est-il, cet ami si cher? Pourquoi ne me l'avez-vous pas amené? — Puis, retrouvant dans sa mémoire l'affreuse vérité : Oh! non, s'écriait-il, il ne viendra pas; il ne peut plus venir... Et c'est moi... c'est moi... Ah! malheureux! » Et, à ce souvenir, sa tête s'exaltait; il redisait ces scènes lamentables qui apparaissaient seules dans la nuit de sa raison; puis il retombait dans un accablement profond.

La mère de Lesurques fut frappée à son tour; elle resta toujours folle. La veuve devint folle aussi; elle ne retrouva sa raison qu'au bout de sept ans.

Tandis que la famille de Lesurques souffrait ces maux, quelques honnêtes gens, poussés par la seule passion de la justice, travaillaient à prouver l'erreur commise par les juges. Parmi eux, se distinguèrent M. Daubanton et M. Eymery : M. Daubanton, un de ces magistrats qui peuvent errer, mais qui croiraient devenir coupables s'ils s'entêtaient dans l'erreur; M. Eymery, ce courageux citoyen qui, seul, avait osé résister aux intimidations exercées par le président Gohier. Tous deux réunirent leurs efforts et entamèrent, pour la réparation de l'injustice, une lutte qui de longtemps ne devait pas finir.

M. Daubanton, le premier, fut assez heureux pour mettre la main sur un des assassins véritables que recherchait si mollement la police.

Quatre mois à peine s'étaient écoulés depuis que Lesurques était couché dans la tombe, lorsque M. Daubanton apprit que Durochat, le Laborde de la malle de Lyon, était détenu pour un vol récemment commis. Le jour où on devait juger cet homme,

M. Daubanton requit l'inspecteur général des postes d'assister au jugement, afin de constater l'identité. Cet administrateur était absent de Paris ; il l'envoya chercher en poste.

Durochat parut à l'audience du tribunal criminel et fut condamné à quatorze ans de fers.

L'inspecteur général avait assisté au jugement et avait parfaitement reconnu le Laborde du 8 floréal. M. Daubanton reçut cette déclaration dans les formes légales ; puis, s'étant rendu à la Conciergerie, il fit écrouer Durochat comme complice des assassins du courrier de Lyon.

Véron, dit Durochat, dit Laborde, était originaire de Lille et avait exercé la profession de chapelier. Employé au Mont-de-Piété, il en avait été chassé pour mauvaise conduite, et ses parents avaient refusé de le recevoir. Pendant quelque temps, il n'avait eu pour asiles que des tripots à voleurs ou la chambre de quelque fille publique. Puis, croyait-on, il avait été employé à l'armée des côtes de Cherbourg.

Durochat, reconnu, dut être dirigé sur Melun. Laissons M. Daubanton lui-même raconter les aveux de ce misérable et la façon dont il les obtint (1) :

« Tout était préparé pour le transport de Durochat à Melun. Je l'y accompagnai avec M. Masson, huissier du tribunal criminel. Nous y arrivâmes le

(1) *Mémoire* de M. Daubanton, inséré dans le *Barreau français* de Falconet. Cette pièce fut rédigée et présentée au grand juge en 1806.

même jour. Le lendemain de grand matin, Durochat fut interrogé ; il choisit pour être jugé, ainsi qu'il en avait alors le droit, le tribunal de Versailles.

« Aussitôt nous repartîmes de Melun pour le conduire à Versailles. Il demanda à déjeuner dans un village, un peu au-dessus ou au-dessous de Grosbois. On arrêta à la première auberge. Durochat demanda à me parler seul. Les gendarmes crurent apercevoir quelque danger pour moi à lui accorder sa demande et me firent signe qu'ils n'étaient pas de cet avis. Je leur donnai l'ordre de sortir, et je priai M. Masson de sortir aussi et de veiller à ma sûreté.

« Resté seul avec Durochat et près de lui, je pris un couteau qui se trouvait entre nous deux pour ouvrir un œuf. Durochat me dit aussitôt : Vous avez peur, monsieur Daubanton ? — Et de qui ? lui dis-je, — De moi, me dit-il ; vous prenez mon couteau. — Tenez, lui répondis-je, servez-vous-en pour couper du pain. A ce trait de tranquillité, Durochat ne put s'empêcher de me dire : *Vous êtes un brave ; c'est fait de moi, mais vous saurez tout.*

« En effet, il me fit, à l'égard de Courriol, de Vidal, de Roussy et de Dubosc, les déclarations les plus positives sur leur complicité dans l'assassinat du courrier de Lyon, et toutes absolument concordantes avec celles que Courriol avait déjà faites.

« Je ne jugeai pas à propos de recevoir ses dépositions dans ce lieu ; je lui demandai seulement s'il me les ferait à Paris. Il me le promit. Je fis rentrer tout le monde ; on déjeuna, et nous nous remîmes en route.

« Arrivé à Paris le 29 ventôse (17 mars 1797), Durochat fut déposé dans une des pièces dépendantes du tribunal criminel, tandis que M. Masson s'occupait de nous procurer une voiture pour nous rendre à Versailles. Durochat me fit lui-même souvenir de la promesse qu'il m'avait faite, et je reçus ses déclarations volontaires.

« Dans l'affaire du courrier de Lyon, me dit-il, c'est le nommé Dubosc qui est venu nous trouver, moi Durochat et Vidal, dans la rue de Rohan, à Paris, où ce dernier demeurait alors. Il me proposa le vol de ce courrier. Ce fut Dubosc qui m'engagea à monter dans la voiture avec le courrier. J'y consentis, et Dubosc m'arrangea un passe-port qu'il avait : il substitua au nom et au signalement qui s'y trouvaient le nom de Laborde et mon signalement ; avec ce passe-port, j'en obtins un autre pour Lyon. Je me présentai à la poste, j'arrêtai ma place et montai avec le courrier.

« Les seuls qui furent de ce complot avec moi sont Vidal, Roussy, Dubosc et Courriol. Bernard n'a fait que prêter les chevaux. A notre retour à Paris, nous nous rendîmes chez Dubosc, rue Croix-des-Petits-Champs, où le partage fut fait. Bernard s'y trouva.

« *J'ai entendu dire*, ajouta-t-il, *qu'il y avait un particulier, nommé Lesurques, qui avait été condamné. Je dois à la vérité de dire que* JE N'AI JAMAIS

CONNU CE PARTICULIER, *ni lors du projet, ni lors de son exécution.* JE NE LE CONNAIS PAS ET NE L'AI JAMAIS VU. Les seuls qui aient concouru à ce crime sont: moi Durochat, Roussy, Dubosc, Courriol et Vidal, avec Bernard, qui avait prêté les chevaux, mais qui n'était pas de l'assassinat. Depuis je suis allé loger rue des Fontaines, quartier du Temple. J'en suis parti peu de temps après. Le portier de cette maison se nomme Perrin. »

« L'élan du sentiment qui avait porté Durochat à me faire des déclarations si précieuses ; la satisfaction qu'il éprouva de me les avoir faites ; celle surtout qui l'affecta sensiblement lorsqu'il m'assura que Lesurques était innocent; la fermeté, la conformité de toutes celles qu'il a faites depuis, sa résignation après les avoir faites, tout me convainquit dès lors de l'innocence de Lesurques. »

Le 1er germinal, nouvel interrogatoire de Durochat par M. Daubanton; il compléta ses aveux par le signalement de Dubosc. « C'est, dit-il, un homme âgé de vingt-six à vingt-sept ans, taille de cinq pieds quatre pouces, chevelure blonde et d'une belle figure. Il est possesseur d'une maison entre Paris et Versailles, où il y a un jardin, une basse-cour et beaucoup de meubles. Il a payé le tout 4,000 livres, il y a environ dix mois et demi. L'idée d'attaquer les courriers des malles a été donnée par un courrier des dépêches. C'était celle de Brest qu'on devait attaquer la première. Ils s'étaient tenus plusieurs jours de suite sur la route; mais, le courrier des dépêches les ayant avertis que la malle de Brest ne portait rien, ils s'étaient rejetés sur celle de Lyon.... C'était Bernard qui prêtait les chevaux. Le domestique de Bernard reconnaîtrait facilement Vidal, qui dans ce moment se trouve détenu dans les prisons de Paris, et dont le véritable nom est Pialat. »

Le 9 du même mois, Durochat renouvela ses déclarations devant le juge de paix de Versailles. « Lors de l'assassinat du courrier de la malle, dit-il, nous étions cinq ; celui qui a prêté les chevaux faisait le sixième ; il se nommait Bernard : il a été exécuté pour cette affaire avec un nommé Étienne et Lesurques. *Ce dernier est innocent ;* je ne l'ai jamais connu. Les véritables coupables sont : lui déclarant, Étienne, Dubosc, Vidal-Dufour, un cinquième dont il ne se rappelle pas le nom, et Bernard, qui a prêté les chevaux.

«*Lesurques a été arrêté, jugé et condamné au lieu de Dubosc.* C'est un courrier des dépêches qui, le premier, donna l'avis à Vidal-Dufour de se porter à l'arrestation des malles. *Lesurques n'y était pas.* »

Enfin, trois jours après, Durochat rendit compte de toute l'affaire à M. Barbier, l'un des juges du tribunal criminel de Versailles, faisant les fonctions de président, et il entra dans tous les détails. Voici son récit original :

« Pendant le siége de Lyon, j'avais connu le nommé Vidal dans cette ville, qui perdit, comme moi, une partie de ses ressources dans cet événement. Il vint à Paris, et moi six mois après. Vers le 25 germinal de l'an IV, après avoir fait un voyage à Lyon, où j'avais terminé quelques affaires, je rencontrai à Paris Vidal, qui m'emmena même coucher dans un appartement rue de Rohan. Au bout de deux ou trois jours il me confia le projet, formé par lui et quelques-unes de ses connaissances, d'aller sur la grande route de Melun dévaliser, sur son passage, le courrier de la malle de Lyon.

« C'était, à ce que j'ai su, un courrier des dépêches de Brest qui avait donné cette affaire. Je l'ai vu, j'ai pris le café avec lui deux fois, dans un café du Perron, près le Palais-Royal. Il était grand, blond et âgé de vingt-six ans environ. Pour concerter l'exécution de ce projet, Vidal et moi nous allâmes chez le traiteur Lebeuf, aux Champs-Élysées, dîner avec les nommés Dubosc, Roussy, Étienne Courriol. Là, il fut arrêté que je prendrais la voiture du courrier de la malle pour faciliter le vol, et que les autres iraient attendre la voiture sur la route dans les bois, entre Lieursaint et Melun, mais qu'on se contenterait de dépouiller la malle et de lier le postillon sans lui faire aucun mal.

« En conséquence Dubosc me fit un passe-port sous le nom de Laborde. Vidal et moi nous allâmes le faire viser à la section des Tuileries, qui était celle de Vidal; ensuite nous allâmes au Bureau central pour avoir un autre *visa*. Vidal, ayant trouvé là un garçon de bureau de sa connaissance, prit soin de l'écarter en l'emmenant au cabaret. Mon passe-port fut visé; mais Vidal y fit mettre un autre numéro que le numéro 22, où il habitait rue de Rohan.

« Le 8 floréal fut le jour pris pour l'exécution du complot. Quatre hommes partirent de Paris vers les huit heures du matin, savoir : Vidal, Dubosc, Roussy et Courriol ; ils étaient montés sur des chevaux qui leur furent fournis par un nommé Bernard, loueur de chevaux, demeurant à Paris, rue Sainte-Avoie. Il était intéressé dans l'affaire, mais il ne prit pas de part à l'action. Pour moi j'allai retenir et payer ma place au bureau de la poste avec environ 3,000 francs en assignats que me prêta Dubosc, et je partis de Paris sur les quatre heures, avec le courrier de la malle de Lyon. Il était environ neuf heures, neuf heures et demie du soir quand la voiture se trouva au-dessus de Lieursaint ; là, elle fut attaquée par les quatre hommes que je viens de nommer. Ce fut Roussy qui porta le coup de sabre au courrier ; je le parai de toute ma force avec ma main, et je reçus à la paume de la main, au-dessus du pouce, une entaille qui me fit répandre beaucoup de sang et dont je porte encore la cicatrice. Alors je m'élançai hors de la voiture et je courus à vingt pas de là, où je fus retenu par Courriol, à qui je me plaignis qu'on ne me tenait pas parole et qu'on assassinait au lieu de voler, ainsi que nous en étions convenus. Je lui ajoutai que c'était nous exposer à la guillotine ; mais il me répondit : « C'est Roussy ; tu sais comme il est vif. C'est une affaire faite, et ceux qui sont morts ne reviendront pas pour passer devant nous. »

« Bientôt on détourna la malle dans la forêt, on

coupa les cordes des paquets, on s'empara de tout ce qu'il y avait de précieux, puis nous revînmes à Paris. Roussy était monté sur le cheval du postillon tué et m'avait donné le sien. Nous descendîmes chez Dubosc, qui occupait un entre-sol à Paris, dans une rue en face la barrière des Sergents. Il était alors vers quatre heures du matin. On avait laissé le cheval du postillon tué sur les boulevards.

« Les quatre autres apportèrent les paquets jusque chez Dubosc, puis on les mit dans une auberge que je ne connais pas. Ce fut chez Dubosc qu'on fit le partage du butin. J'ai eu pour ma part cinquante louis en numéraire métallique, cinq cent mille francs en assignats, qui étaient alors à dix mille francs le louis, et quarante mille francs en mandats, que j'ai vendus, quelques mois après, à quarante sous le cent. Je restai ensuite pendant huit jours avec Vidal, dans un appartement de la rue de Rohan ; mais, huit jours après, craignant les poursuites, nous prîmes un autre appartement, rue des Fontaines, n° 4, à ce que je crois. Enfin, Courriol ayant été arrêté, mes alarmes augmentèrent, et nous nous sommes enfuis, Vidal et moi, jusqu'à Nevers. » Tel fut le récit de Durochat. Le magistrat lui ayant demandé ensuite s'il connaissait Lesurques, il répondit : « Non, citoyen, je ne le connais pas ; je ne l'ai jamais vu de ma vie. »

Le magistrat ayant ajouté : « Je vous *observe*, cependant, que Lesurques a été reconnu pour l'un des voleurs de la malle, qu'il avait à ses bottes des éperons argentés, et qu'on lui en a vu raccommoder un avec du fil, soit à Lieursaint, soit à Montgeron, et que cet éperon a été retrouvé dans le lieu où la malle a été volée. »

Il dit : « C'était le nommé Dubosc qui avait les éperons argentés. Le matin même que nous avons partagé le vol, je lui ai entendu dire qu'il avait brisé l'un des chaînons de ses éperons, qu'il l'avait raccommodé avec du fil dans l'endroit où ils ont dîné, et qu'il l'avait perdu dans l'affaire ; je lui ai vu moi-même dans les mains l'autre éperon, et il disait qu'il allait le jeter dans les commodités. Il nous ajouta qu'il avait perdu, sur le champ de bataille, une paire de ciseaux où était gravé le nom d'un administrateur ou d'un commis de la poste. » Ducrochat ajouta encore que, le jour de l'assassinat, Dubosc portait une perruque blonde, et il termina ses déclarations par quelques détails sur Vidal.

Il n'y avait plus de doute maintenant. Des juges impartiaux, et ceux du tribunal de Versailles méritaient ce nom, pouvaient, à l'aide des révélations de Durochat, ressaisir la véritable piste des assassins du 8 floréal. Ils le firent, autant qu'il était en eux. Le portier Perrin fut mandé ; Vidal fut arrêté, positivement reconnu par Perrin et par Durochat. Perrin dit, en voyant Vidal, que c'était bien là l'homme qu'il avait logé ; qu'il recevait souvent la visite d'un homme blond et d'une femme grande et maigre, qui passait pour l'épouse du blond. Ce blond, s'il était reconnu pour l'un des assassins, ne pouvait être Lesurques; car ces visites se plaçaient à une époque où déjà Lesurques était arrêté.

Le 17 germinal (7 avril), Durochat fut condamné à la peine de mort; car, malgré ses aveux, la fable du courrier inutilement défendu par lui n'avait pu sauver sa tête.

Le Tribunal déclara Laborde, dit Joseph Durochat, convaincu d'avoir commis un homicide sur la personne du courrier de la malle de Lyon, méchamment et avec préméditation; non convaincu d'être l'auteur de l'homicide du postillon, mais seulement d'avoir aidé et facilité les auteurs de cet homicide, méchamment et à dessein de faciliter cet homicide; convaincu d'être l'auteur du vol fait au courrier Excoffon, et condamné à 3,000 fr. envers sa veuve, *plus à la restitution des objets volés à la République, lesquels dommages-intérêts et restitutions seront pris sur les meubles et immeubles de ce condamné.*

CHAPITRE IX.

Importance de la capture de Dubosc, négligence des premiers juges. — Renseignements significatifs envoyés à M. Siméon sur Dubosc; il n'en tient aucun compte. — Dubosc recherché, histoire de ce misérable; il est arrêté. — Confrontation de Vidal et de Dubosc avec les témoins à charge contre Guesno et Lesurques. — Durochat ne reconnaît pas Dubosc; raison de cette conduite; révélations de Richard. — Acte d'accusation contre Vidal et Dubosc. — Rejet du pourvoi de Durochat; ses derniers aveux; son exécution. — Dubosc confronté avec les témoins; incertitudes de ces derniers. — Demande d'extraction de Richard du bagne; lettre du ministre de la justice; l'inconciliabilité des arrêts; rôle joué par Merlin, de Douai. — Évasion de Vidal et de Dubosc; Dubosc repris; il s'évade de nouveau; Vidal repris, condamné à mort et exécuté.

Voilà donc, de compte fait, deux des assassins du Closeau condamnés sur leurs propres aveux. On en tenait un troisième qui ne tarderait pas sans doute à expier ses crimes. Restait à saisir Dubosc et Roussy. La capture de Dubosc était de beaucoup la plus importante; aussi, MM. Daubanton et Eymery ne négligeaient-ils rien pour l'obtenir.

Une des fautes les plus énormes des magistrats instructeurs, dans le procès du courrier de Lyon, avait été de ne faire aucune recherche au sujet de cet individu, chez qui la Bréban avait porté des habits pour Courriol. Évidemment, on avait là la trace d'un complice. Si on l'avait suivie, on eût su que cet homme se nommait Dubosc, qu'il avait découché dans la nuit du 8 au 9 floréal, qu'il était grand et blond. Et non-seulement l'instruction, à Paris, s'était refusée à chercher ce qu'elle voulait avoir trouvé, mais on a vu que la police elle-même avait, par sa négligence, laissé le champ libre aux malfaiteurs qu'on lui signalait.

M. Siméon, si la prévention ne fermait pas absolument ses yeux à la lumière, dut, neuf jours seulement après la mort de celui qu'il venait de livrer au bourreau, être saisi d'un doute poignant et ressentir un cruel remords. Le 18 brumaire, en effet, il recevait la lettre suivante :

« Besançon, 16 brumaire an V.

« Citoyen représentant,

« Je viens de lire votre rapport sur l'affaire du malheureux Lesurques, condamné pour l'assassinat du courrier de Lyon; mon cœur en est navré; il est innocent : moi seul peut-être eusse pu éclaircir le fait; mais, hélas! il n'est plus, et tout ce que je vais vous apprendre sera sans fruit.

« J'étais juge de paix à Besançon, l'année antérieure à l'acceptation de la Constitution. Un négociant de Lyon, qui était à la poursuite d'un homme qui lui avait volé deux millions, tant en assignats qu'en or et en argent, dans l'auberge du Parc, vint me prier de faire arrêter la femme de son voleur, qui s'était réfugiée à Besançon et qu'il avait suivie à la piste depuis Lyon. Je l'arrêtai d'après les instructions que je puisai dans un procès-verbal dressé par un juge de paix de Lyon. Ce procès-verbal renfermait le signalement de l'homme accusé de vol. Sa femme mise en maison d'arrêt, je m'occupai de l'instruction du procès. Dix à douze jours se passent, et, tout à coup, je suis informé que le mari de la détenue, auteur principal du vol, était dans la ville. Je mets à sa recherche quatre commissaires de police, qui me l'amènent au bout d'un quart d'heure. Je le reconnais à son signalement ; je le fais fouiller, je lui trouve dix-sept cent mille francs en assignats.

« Instruit de l'auberge où il était entré en arrivant à la ville, j'y cours, et je trouve dans sa valise environ 200 louis d'or. J'informe contre l'homme et la femme, et je découvre qu'ils sont les voleurs, et que ce que je saisis est le fruit ou l'objet du vol. Je complète ma procédure, et j'envoie les pièces et les prévenus à Lyon, pour leur procès leur être fait. L'homme a été condamné à quatorze ans de fers et la femme à quatorze ans de prison, convaincus de vol avec effraction et dans une auberge où ils étaient reçus.

« L'avant-veille de son jugement, l'accusé escalade les murs de sa prison. Sa femme ne fut pas plutôt à la maison de force, qu'il l'en tira, et tous les deux sont libres.

« Dans le cours de l'instruction au tribunal criminel, on acquit la preuve qu'il avait déjà été condamné aux fers par le tribunal criminel du département de la Seine. Eh bien! cet homme est Dubosc, c'est l'homme indiqué par Courriol.

« Ce Dubosc avait les cheveux châtains et une perruque blonde; les cheveux de face étaient lisses; il avait par derrière une cadenette retroussée. Je trouvai dans sa valise une autre perruque noire; il en changeait à volonté pour opérer le déguisement qu'il souhaitait. Ce Dubosc était déjà connu par des vols de tous genres; il possédait à fond l'art du crime, et, depuis son évasion, lorsque j'apprenais que quelque crime énorme s'était commis, soit à Lyon, soit à Paris, je n'ai jamais douté qu'il n'en fût l'auteur.

« Lorsque j'ai lu votre rapport dans *le Moniteur*, j'ai reconnu les traits de Dubosc. L'éditeur a imprimé Dubosq, mais c'est ignorance des lettres qui composent son nom : c'est Dubosc, et non Dubosq. Il m'a suffi de la perruque blonde pour le reconnaître. Cet homme était capable de tous les crimes, et c'est lui, je n'en doute pas, que Courriol a désigné, et c'est lui qui est le complice de l'assassin.

« Ce Dubosc, depuis son évasion, même pendant sa détention, m'a envoyé son écriture; il ne me pardonnait pas son arrestation ; il en exhalait dans ses lettres toute sa colère et ses désirs de vengeance. Je vous en fais passer deux sous ce pli.

« Veuillez informer le ministre de la justice de ces faits. Le signalement de Dubosc est au greffe du tribunal criminel du département de la Seine ; qu'il donne les ordres les plus sévères pour le faire prendre. S'il reste libre vous verrez encore des crimes horribles de sa façon.

« Lorsque j'instruisis son procès à Besançon pour le vol de deux millions qu'il avait commis dans une auberge du Parc, à Lyon, je me fis remettre, à l'aide de la force armée, par le directeur de la poste aux lettres, plusieurs missives écrites à Besançon, poste restante, tant par lui que par ses associés, à des adresses supposées.

« J'y découvris et la trame et ceux qui l'avaient ourdie ; ces lettres sont déposées au greffe du Tribunal criminel de Lyon. Ainsi, Citoyen, l'énonciation, faite par Courriol, du nom de Dubosq ou Dubosc, n'est pas le fruit de l'imposture ; c'est la vérité toute pure.

« Vous trouverez peu d'ordre dans cette lettre ; mais je vous l'écris, encore plein de l'émotion que m'ont causée la lecture de votre rapport et la reconnaissance que j'ai eu lieu de faire des traits de Dubosc.

« Le sort de Lesurques m'arrache des larmes. Quelle victime des erreurs de l'humanité ! Mais, s'il se peut, travaillez à la réhabilitation de sa mémoire : ce sera la stérile consolation de sa famille.

« Les faits dont je vous parle se sont passés dans le trimestre de messidor an III.

« Je suis, Citoyen, avec l'estime la plus sincère de vos talents,

« Votre concitoyen, JARRY. »

Que fit M. Siméon après avoir reçu cette lettre? Nous ne savons. Que devait-il faire? En bon sens, en équité, en humanité, il devait, ce semble, vérifier immédiatement l'exactitude des renseignements si graves que lui envoyait le juge de paix de Besançon, faire rechercher ce Dubosc, qui devenait autre chose qu'un être de raison, poursuivre la découverte, et, s'il était possible, la réparation de l'erreur. Il est probable qu'il ne fit rien de tout cela, qu'il voulut considérer cet avis désintéressé comme une *collusion* nouvelle, et qu'il continua à défendre son cœur contre cet honorable *mouvement d'humanité* où s'était *laissé entraîner* le Directoire. Cela est probable, certain, faudrait-il dire; car la justice ne fut pas mise en demeure de trouver Dubosc, et la lettre de M. Jarry resta complétement ignorée. Elle ne fut connue qu'en 1833, époque à laquelle M. de Montalivet, alors ministre de l'intérieur, ayant appris qu'elle se trouvait dans un des cartons de son ministère, la fit transmettre à M. le Garde des sceaux.

Deux honnêtes gens, heureusement, réunissaient leurs efforts pour accomplir, par leurs seuls moyens, l'œuvre de justice. MM. Daubanton et Eymery n'épargnaient ni peine ni argent pour trouver la trace de Dubosc et de Roussy, et mettre ainsi dans les mains de la justice, et comme malgré elle, les derniers des assassins véritables du courrier de Lyon. Roussy resta, pour le moment, insaisissable; mais ils parvinrent à connaître l'asile de Dubosc et à le faire arrêter avant l'exécution de Durochat.

Ce dernier venait de se pourvoir devant le tribunal de cassation, quand Dubosc, enfin pris, fut conduit devant le directeur du jury de Melun.

Dubosc était bien l'homme qu'avait signalé M. Jarry, qu'avaient dépeint Courriol et Durochat. C'était un scélérat consommé, un véritable artiste en crimes, et l'histoire de ses méfaits serait longue à dire. Né à Besançon, il s'était fait, dès sa plus tendre jeunesse, une réputation de voleur ingénieux et hardi. Aide de cuisine chez l'archevêque de sa ville natale, il avait imité, en le perfectionnant, un des tours racontés par l'auteur de *Gil-Blas*, et il avait dévalisé le prélat de son argenterie et de ses bijoux. Le Tribunal criminel l'envoya ramer à Toulon, en punition de ce vol, dont l'importance n'allait pas à moins de 80,000 livres. C'est en 1784 que Dubosc fut condamné aux galères perpétuelles; mais il s'évada bientôt et vint à Paris. Là, ses dispositions naturelles furent rapidement développées par la fréquentation de voleurs émérites. Dubosc fut remarqué parmi les plus adroits; ce qui ne l'empêcha pas d'être arrêté de nouveau, à la suite d'un vol considérable commis chez l'horloger Leubas, au Marché-Neuf. Le bagne le revit, mais pour le perdre encore. Dubosc rompit de nouveau ses fers, et, cette fois, choisit la Normandie pour théâtre de son industrie. Repris à Rouen, il sut échapper encore à la justice et alla exercer à Lyon. Arrêté une quatrième fois, par les soins de M. Jarry, pour le vol de l'auberge du Parc, il avait encore, on l'a vu, réussi à franchir les murs de sa prison et même à délivrer sa concubine.

Cette femme, une certaine Claudine Barrière, était la digne compagne du scélérat. Née à Gray (Franche-Comté) en 1766, elle avait été condamnée en même temps que son amant, par le Tribunal criminel du Rhône, le 19 frimaire an IV (8 décembre 1795). Quelques jours après, tous deux rompaient leurs fers et venaient chercher un asile à Paris. Là, ils connurent Courriol, Vidal, Roussy et Véron-Durochat.

Interrogé par le directeur du jury de Melun, Dubosc n'imita pas Vidal, qui niait tout. Il déclara qu'il avait, en effet, connu les individus impliqués dans l'assassinat du courrier de Lyon, mais qu'il n'y avait pris aucune part. Il dut avouer, au reste, qu'il était bien le galérien évadé.

C'était une intéressante épreuve que la confrontation de Dubosc et de Vidal avec les témoins qui avaient, un an auparavant, reconnu Guesno et Lesurques. Il était déjà démontré que plusieurs de ces témoins s'étaient trompés relativement à Bernard et à Guesno. On ne pouvait sérieusement espérer que, après tant de temps écoulé, leurs souvenirs fussent bien présents, et surtout on pouvait craindre ou qu'ils ne voulussent pas se démentir, ou qu'ils refusassent de s'exposer, une fois de plus, à faire condamner des innocents.

Vidal, le premier, leur fut confronté. *Perrault* ne le reconnut pas. *Charbault* déclara qu'il y avait, entre cet homme et Guesno, une ressemblance telle qu'il ne pouvait dire lequel des deux il avait vu. La *femme Châtelain*, la *femme Alfroy*, *Champeaux*, la *femme Champeaux* avouèrent que c'était bien là l'homme qu'ils avaient cru reconnaître dans Guesno.

Et c'étaient là quatre des témoins dont les dires avaient fait condamner Lesurques !

Reconnaîtraient-ils également dans Dubosc le prétendu Lesurques ? Ici, la persistance dans l'erreur était plus naturelle. L'homme à la perruque blonde du 8 floréal leur apparaissait avec des cheveux châtains. Et puis, si l'absence du déguisement ne réussissait pas à les dérouter, Dubosc arrivait à Melun précédé d'une réputation terrible. L'homme que nous avons vu tout à l'heure menacer M. Jarry, employait d'ordinaire l'intimidation contre ses ennemis. Informé des recherches que faisait de lui M. Daubanton, il avait eu récemment l'audace d'adresser à ce magistrat des menaces effroyables. Avant sa capture, il ne marchait dans Paris qu'avec des pistolets chargés dans ses poches. Il paraît même qu'il avait conçu un instant la pensée, ou de terrifier, ou même d'assassiner la veuve de Lesurques. La malheureuse femme habitait une petite maison à Auteuil. M. Daubanton fut heureusement informé que Dubosc projetait de s'introduire la nuit chez la veuve avec un de ses complices. Des agents furent apostés, et, après plusieurs nuits de veilles inutiles, un d'eux, placé en sentinelle dans une resserre du jardin, vit un homme escalader le mur, se diriger vers la porte d'entrée de la maison et en crocheter la serrure. Un coup de sifflet, signal convenu avec les autres agents, les fit accourir, mais trop tard. Le malfaiteur, averti par le bruit, s'était élancé dans le jardin et avait réussi à s'échapper.

C'était ce héros d'évasion, cet audacieux coquin, que l'on présentait aux témoins de Montgeron et de Lieursaint, menaçant même dans les fers, et disant en fort bon langage : « Je suis un forçat évadé, c'est vrai, mais je n'ai pas assassiné le courrier de Lyon, et malheur à qui oserait affirmer que j'étais avec les assassins ! »

Incertains ou timides, la plupart des témoins ne purent cependant cacher qu'il y avait entre Lesurques et Dubosc une grande ressemblance ; mais ils trouvèrent que l'homme à l'éperon cassé avait la figure moins pleine, le nez plus aquilin. Aucun n'osa affirmer que le prisonnier confronté fût un des quatre cavaliers du 8 floréal ; mais un seul, tout en avouant la ressemblance, déclara ne pas s'être trompé en désignant Lesurques. Ce témoin était *Perrault*, l'homme qui n'avait vu que trois dîneurs là où il y en avait quatre. La femme *Châtelain* exprimait ses hésitations en disant que peut-être elle avait vu *deux blonds* avec Vidal, mais qu'elle n'en était pas sûre.

Durochat, à son tour, fut confronté avec Dubosc. Il le considéra un instant et dit : « Ce n'est pas là le Dubosc que j'ai désigné comme un des assassins du courrier de Lyon. »

Cette déclaration inattendue causa une stupéfaction générale ; M. Daubanton, et tous ceux qui s'intéressaient à la mémoire de Lesurques, furent un instant frappés de découragement et de doute.

Et cependant *Madeleine Bréban*, qu'on avait fait venir de Dijon, déclarait que c'était bien là le Dubosc qu'elle avait vu rue Croix-des-Petits-Champs, à l'hôtel de la Paix. *Gauné*, le propriétaire de l'hôtel, et la *portière* au service de Gauné, ainsi qu'une *dame Delaistré*, demeurant dans cet hôtel, s'accordaient à reconnaître Dubosc. Or, d'après les aveux de Courriol, de Durochat, de la Bréban, c'est à l'hôtel de la Paix, le 9 floréal, que s'était fait, chez Dubosc, le partage des fruits du vol.

Le directeur du jury de Melun (ce n'était plus, heureusement, le citoyen Mennessier) avait eu l'idée de faire une enquête, dont la nécessité avait été méconnue autrefois par M. Gohier. Il avait, comme l'indiquait le plus simple bon sens, mandé devant lui les gens qui étaient au service de Bernard à l'époque du crime. On en retrouva un, actuellement gardien de la tour du Temple, *Chéron*. Ce témoin reconnut sans hésitation Vidal et Dubosc comme étant deux des quatre individus qui étaient venus, à six heures du matin, prendre les chevaux chez Bernard. Ce dernier avait même dit aux quatre hommes : — « Ne partez pas tous quatre ensemble, à cause de la réquisition sur les chevaux. » En effet, deux étaient partis d'abord ; puis, Chéron avait conduit les deux autres chevaux au coin de la rue de la Corderie, à la porte d'un café.

Pourquoi donc Durochat ne reconnaissait-il pas Dubosc ? On le sut bientôt. Le concierge de la prison de Melun surprit d'abord quelques signes de connaissance entre Dubosc et Durochat. Puis, il vit Dubosc s'approcher du guichet de Durochat, lui tendre la main et serrer la sienne. Enfin, il s'aperçut que, placés dans deux chambres contiguës, Durochat et Dubosc avaient su pratiquer dans leur mur une ouverture par laquelle ils communiquaient ensemble. La nuit, ils se parlaient à voix basse ; le jour venu, l'ouverture était dissimulée au moyen d'un tampon de mie de pain reproduisant la couleur de la muraille. A l'audience, Dubosc et Durochat ne se connaissaient plus.

Le concierge fit part de ces découvertes au directeur du jury. Celui-ci ouvrit une enquête parmi les détenus. Un d'eux, *Bertholet*, dit : — « J'ai entendu Dubosc et Durochat se tutoyer. » — Un autre : — « Durochat m'a dit que lui, Dubosc et Vidal avaient assassiné le courrier, mais qu'il avait des raisons pour ne pas compromettre Dubosc. » Un troisième : — « J'ai entendu dire à Dubosc qu'il n'avait plus guère d'espoir en Durochat; que, probablement, Durochat le découvrirait pour faire casser son jugement. Je sais que Dubosc et Durochat ont échangé des lettres, et que Dubosc a donné plusieurs fois à Durochat des écus de six francs et une fois une pièce d'or. »

Tout s'expliquait maintenant. Si l'on ajoutait à ces découvertes que, plusieurs fois, la Claudine Barrière avait essayé de faire passer à Dubosc des limes et des armes, il était évident que Dubosc avait obtenu le silence de Durochat, en lui promettant une évasion commune et en lui donnant de l'argent.

Richard, cependant, détenu au bagne de Rochefort, venait d'apprendre l'arrestation de Dubosc. Il s'empressa d'écrire au juge de paix de Rochefort qu'il avait à faire des révélations importantes. Le magistrat reçut ses déclarations. Il y avait eu, dit-il, un déjeûner au Cadran-Bleu, auquel il avait assisté. Là, étaient Dubosc, Courriol, Roussy, Durochat, Bruer et Lafleur (Vidal). Dans la conversation, il avait été question d'un partage d'effets volés, qui s'était fait chez Dubosc. Puis, Richard avait appris de Courriol tous les détails de l'affaire de Lieursaint. Dubosc et Courriol avaient assassiné le postillon, Roussy et Lafleur s'étaient jetés sur le courrier, que, de son côté, Durochat lardait à coups de couteau. Durochat avait même failli être tué par ses complices, qui, dans la chaleur de l'attaque, le prenaient, sous sa houppelande, pour le courrier lui-même. Et c'était ainsi que Durochat avait reçu un léger coup de sabre, qu'il attribua depuis aux efforts tentés par lui pour défendre le courrier.

Tous ces témoignages étaient accablants pour Vidal et pour Dubosc. L'acte d'accusation dressé par le directeur du jury, *M. Cartault*, fit ressortir ces charges jusqu'à l'évidence. Ce fut, en même temps, l'acte d'accusation du malheureux document dressé, l'année précédente, par le citoyen Mennessier, et du jugement inique rendu par le Tribunal criminel de Paris.

Le Directeur, après avoir rappelé les jugements qui condamnaient à mort Courriol, Durochat et Bernard, dit : « La justice n'a point à se plaindre de sa sévérité envers eux. Le crime des deux premiers n'est pas douteux ; ils ont l'un et l'autre participé à l'horrible assassinat du courrier de Lyon. Si Bernard n'a pas eu à se reprocher le même crime, on ne saurait laver sa mémoire d'avoir partagé avec eux les fruits de leur forfait.

« Il n'en est pas de même du sieur Guesno et de Lesurques. Le premier n'a été poursuivi que par l'effet d'une extraordinaire ressemblance avec Vidal ; mais il n'a pas succombé. Pourquoi faut-il qu'une circonstance semblable ait coûté la vie et l'honneur au malheureux Lesurques ? Aujourd'hui, ce n'est plus lui dont la société réclame le châtiment : c'est Dubosc ; c'est contre celui-ci que s'élèvent les plus redoutables préventions ; c'est lui que Courriol mourant a désigné comme le vrai coupable ; c'est chez lui que le partage du vol s'est effectué ; c'est lui que Durochat a désigné. Si ce misérable affecte en ce moment de le méconnaître, c'est évidemment l'effet d'une coupable connivence : on a vu Dubosc et Durochat se parler. On les a entendus se tutoyer ; on a vu Dubosc donner de l'argent à Durochat ; tout annonce donc leur complicité et celle de Vidal. »

Le 30 messidor an V (21 juillet 1797), le jury d'accusation répondit qu'il y avait lieu à accusation contre Dubosc et Vidal. Le jury de jugement allait être formé, quand la procédure fut annulée, pour cause d'irrégularité, et l'affaire renvoyée devant le Tribunal criminel de Versailles.

Le pourvoi de Durochat, cependant, avait été rejeté. Quand ce misérable se vit près de la mort, il eut à cœur de compléter ses révélations, et, le 22 thermidor (12 juillet), il demanda à parler au citoyen Pile, commissaire de police. Ce dernier, s'étant rendu dans sa prison, reçut ses déclarations, et en dressa le procès-verbal suivant :

« Étant monté au deuxième étage, je suis parvenu à une petite chambre occupée par le nommé Durochat. Il m'a annoncé qu'il voulait me faire une déclaration sur les auteurs de l'assassinat du courrier de la malle de Lyon, et qu'il voulait parler sans haine et sans vengeance. Ils n'étaient que cinq pour cet assassinat, savoir : lui Durochat, Vidal et Dubosc, qui viennent d'arriver de Melun avec lui, et sont renfermés dans cette même maison de justice. Les deux autres sont Courriol et Roussy, l'un exécuté, l'autre à Milan. Que Lesurques et Bernard sont morts innocents; que Bernard n'a fait que prêter les chevaux ; qu'il ignorait pour où aller; qu'il n'a participé à rien.

« Durochat déclare que s'il n'a pas voulu reconnaître Dubosc à Melun, c'est parce qu'il était sans argent et que Dubosc lui a fait dire, par un nommé Bertholet, guichetier à Melun, que s'il voulait dire qu'il ne le reconnaissait pas, il lui fournirait de l'argent tant qu'il voudrait; c'est le même Bertholet qui a apporté plusieurs fois de l'argent à lui Durochat. Il croit que cet homme doit paraître devant Vidal et Dubosc au moment de leur jugement à Versailles.

« Il ajoute que la femme Dubosc était présente au partage; qu'elle a même emprunté une balance dans son voisinage pour peser les assignats et mandats; que ce partage s'est fait dans le domicile de cette femme, rue Croix-des-Petits-Champs, au deuxième étage; que Dubosc et cette femme ont été condamnés à Lyon, pour avoir volé trois millions à un commissaire du pouvoir exécutif. »

Cette déclaration de Durochat, faite en face de la mort, évidemment désintéressée, conforme à tous les autres témoignages, levait le dernier doute qui pût subsister encore sur l'identité de Dubosc.

Après que Durochat eut expié son crime, trois des assassins véritables restaient à punir. La justice en tenait deux. Le magistrat chargé de la nouvelle instruction à Versailles, *M. Delaistre*, directeur du jury de Pontoise, ne négligea rien pour confondre ces deux misérables. Il confronta Dubosc avec plusieurs employés de Bicêtre, prison dans laquelle Dubosc avait été détenu après sa condamnation à Paris. Un de ces employés, *Léguillon*, le reconnut sans hésiter.

Gauné, entendu de nouveau, fit connaître un nouveau fait assez important. Quand la Barrière avait quitté l'appartement qu'elle occupait à l'hôtel de la Paix, Gauné s'aperçut que les carreaux formant le parquet d'une des chambres, avaient été levés. Il les fit desceller, et, sous ces carreaux, il découvrit avec surprise un lit épais de cendres. Plus tard seulement, et lorsqu'il sut à quels hôtes il avait eu affaire, il comprit que ces cendres provenaient des habits et des linges ensanglantés, qu'on avait brûlés avant le départ, mais sans oser laisser, vu la saison trop avancée pour faire ostensiblement du feu, les cendres dans la cheminée.

Le menuisier *Cauchois*, dont on a déjà parlé, fit la déclaration suivante :

« Madeleine Bréban étant, il y a environ vingt-six mois, sous la responsabilité de lui déclarant, lui a dit, la veille du jugement de Courriol, Lesurques et Bernard, et ce en la présence du nommé Coquery, que Lesurques ressemblait à Dubosc ; qu'il avait été pris pour lui ; que ledit Dubosc avait plusieurs perruques avec lesquelles il se déguisait ; que Lesurques n'était point du tout de la connaissance de Courriol, ami d'elle Bréban ; que Guesno avait aussi été pris pour Vidal, et qu'ils avaient beaucoup de ressemblance. »

Cette déposition fut reçue le 15 pluviôse an VI, (5 janvier 1798).

La femme du sieur Alfroy, confrontée pour la seconde fois avec Dubosc, avoua qu'il ressemblait à Lesurques; mais elle lui trouva les sourcils et les cheveux plus bruns, l'œil moins bleu, les cheveux moins fournis. Elle avait entendu dire que, le jour de l'assassinat, Dubosc avait une perruque blonde; il faudrait, pour fixer ses incertitudes, qu'elle le vît avec cette perruque.

La dame Champeaux CROIT avoir reconnu, dans la personne de Lesurques, l'homme blond auquel elle a donné du fil pour raccommoder son éperon. Elle trouve la chevelure de Dubosc plus brune. Elle avoue que le temps qui s'est écoulé ne lui permet plus d'avoir, à cet égard, des idées bien fixes. Elle ajoute qu'après le départ des quatre cavaliers, il en était survenu deux autres qui lui avaient demandé si la route de Melun était sûre; si l'on parlait de vols et d'assassinats. Ils prièrent son mari de leur indiquer une bonne auberge à Melun, et celui-ci leur ayant répondu qu'il en avait indiqué une aux quatre cavaliers qui les avaient précédés, ils lui dirent qu'ils allaient les rejoindre, quoique auparavant ils eussent dit qu'ils n'étaient pas de la même société.

Le sieur Champeaux répète à peu près ce que sa femme avait dit. Il trouve Dubosc moins blond que celui qu'il a vu, il voudrait qu'on le lui présentât avec une perruque blonde. Il dépose, comme sa femme, qu'après les quatre cavaliers, deux autres

8.

sont survenus, et que ce n'est qu'après leur départ que l'un des quatre premiers est revenu chercher son sabre.

Le portier *Perrin* vient répéter ce qu'il avait dit précédemment, en ajoutant que le samedi, veille de la Pentecôte, Vidal l'avait quitté les larmes aux yeux, en lui disant qu'il avait eu le malheur de perdre son père, et qu'il était obligé de partir pour Lyon ; il le pria de vendre son mobilier, quitta la maison, et depuis ce temps il ne revit plus ni Vidal, ni Dubosc, ni Durochat, ni la Barrière.

Vidal fut reconnu successivement, comme il l'avait été déjà, par la dame Alfroy, la dame Champeaux et son mari, et ceux qu'on lui avait précédemment confrontés. On ne voit plus reparaître dans cette instruction les deux servantes de Montgeron.

L'acte d'accusation, dressé par M. Delaistre, n'affirma pas, comme celui qu'avait rédigé à Melun M. Cartault, l'innocence de Lesurques, mais établit l'existence d'un doute grave, la possibilité d'une erreur probable, la nécessité d'une révision. Parlant de Courriol et de Durochat, il disait :

« A leur égard, la justice a acquis la certitude de n'avoir puni en eux que des coupables ; mais elle est loin d'avoir la même confiance dans le jugement qui a puni de mort un individu nommé Lesurques : à son égard, la contradiction qui se trouve entre les témoins qui l'ont affirmativement reconnu, et les coupables qui, jusqu'à la fin, ont persisté à le méconnaître et à le soutenir innocent, laisse encore aujourd'hui à douter si Lesurques a été puni justement, ou s'il n'a été qu'une malheureuse victime du concours de plusieurs circonstances funestes propres à le rendre suspect, et surtout d'une fatale ressemblance avec Dubosc, capable d'avoir induit dans une erreur excusable la plupart des témoins entendus contre lui. *La justice s'occupera sans doute d'éclairer dans des tribunaux compétents un doute funeste à la société.* Cette mission délicate n'est confiée ni au directeur du jury, ni aux jurés d'accusation, qui n'ont à s'occuper que des individus dont la prévention leur est actuellement soumise. »

Réserve transparente, et qui laissait facilement deviner l'opinion du magistrat.

S'attachant spécialement aux deux accusés, le directeur du jury de Versailles montrait Vidal se cachant sous les noms les plus divers, tantôt Lafleur, tantôt Dufour, quelquefois Pialat, son nom véritable. Les antécédents de Vidal, sans être aussi chargés que ceux de Dubosc, étaient ceux, cependant, d'un voleur émérite ; il avait subi deux condamnations, l'une devant le Tribunal criminel de Grenoble, l'autre devant le Tribunal criminel de Paris.

Dubosc était bien le blond qui, par l'intermédiaire de Vidal, avait fabriqué, au nom de Laborde, le passe-port de Véron-Durochat. Preuve nouvelle que le blond n'était pas Lesurques, entre les mains duquel on n'avait trouvé qu'un vieux passe-port de Douai, et qui n'avait même pas de carte de sûreté ;

associé aux assassins de Lieursaint, il eût pensé à se mettre en règle avec la police.

La Claudine Barrière était comprise, avec Vidal et Dubosc, dans l'acte d'accusation. M. Delaistre fit ressortir sa complicité permanente dans tous les crimes de Dubosc, sa présence au partage.

Le jury de jugement allait être formé. Les révélations de Richard parurent assez importantes à M. Delaistre pour mériter l'extraction de ce condamné du bagne de Rochefort et sa présence aux débats. Il en adressa la demande au ministre de la justice, qui fit donner aussitôt les ordres nécessaires et envoya au directeur du jury les recommandations suivantes :

« Vous êtes sans doute convaincu de la nécessité de faire les plus grands efforts pour découvrir, entre Lesurques et Dubosc, quel est le vrai coupable. Je n'insisterai point à cet égard auprès de vous ; mais je remarquerai qu'il faut tâcher de rendre constant, entre ces deux individus, *si la culpabilité de l'un entraîne nécessairement l'innocence de l'autre,* ou si tous les deux peuvent être convaincus du même crime, ou de quelqu'une de ses circonstances. Je crois devoir, à ce sujet, vous rappeler la loi du 15 mai 1793, qui porte :

« *Article 1ᵉʳ.* Si un accusé a été condamné pour un délit, et qu'un autre accusé ait été condamné comme auteur du même délit, en sorte que les deux condamnations ne puissent se concilier et fassent la preuve de l'innocence de l'une ou de l'autre des parties, l'exécution des jugements sera suspendue, quand même on aurait attaqué l'un ou l'autre sans succès au Tribunal de cassation.

« *Art.* 3. Lorsque lesdits jugements auront été rendus en des tribunaux différents, l'accusateur public ou les parties intéressées en instruiront le ministre de la justice; celui-ci dénoncera le fait au Tribunal de cassation, qui cassera, si les deux condamnations ne peuvent se concilier, les jugements dénoncés, et en conséquence renverra les accusés en un même tribunal, le plus voisin du lieu du délit, mais qui ne pourra être choisi parmi ceux qui auront rendu lesdits jugements.

« Je compte sur votre zèle dans l'examen de ce procès et sur votre exactitude à m'instruire de son résultat.

« *Signé* : LAMBRECHT. »

Cette lettre, dans laquelle on remarquera, indiquée pour la première fois, en faveur de Lesurques, l'idée de l'inconciliabilité des arrêts, avait été inspirée au ministre de la justice par M. Merlin, de Douai, alors un des Directeurs, ministre de la justice lui-même au commencement de cette affaire. M. Merlin, bien que régicide, promoteur de la loi des suspects et organisateur du Tribunal révolutionnaire, n'en était pas moins, au milieu de l'anarchie morale de cette époque, un de ces jurisconsultes qui avaient conservé, dans leur esprit et dans leur cœur le dépôt sacré de l'antique science et de l'antique justice. Celui qu'on surnomma le Papinien français ne pouvait, comme M. Siméon, faire bon marché d'une erreur entraînant la mort d'un innocent. Il connaissait Lesurques, son compatriote, et avait répondu de sa moralité à l'ouverture du procès. C'était tout ce qu'il pouvait faire, et le ministre de la justice de 1796 n'eût pu alors sans imprudence réagir contre l'arrêt du Tribunal criminel de Paris, par d'autres moyens que par le rapport concluant au sursis, qui motiva la démarche du Directoire auprès du conseil des Cinq-Cents.

Cependant, l'accusateur public, à Versailles, cherchait, de son côté, à rendre plus décisive l'épreuve des confrontations nouvelles. Frappé des paroles qu'avaient prononcées devant le directeur du jury, les témoins Champeaux et femme Alfroy, il requit que Dubosc fût présenté aux débats avec une perruque blonde ; il demanda aussi que l'on se procurât le buste en terre de Lesurques, celui-là même qu'inauguraient les ouvriers en ce jour fatal du 8 floréal. Il fut fait droit à la requête, et la veuve de Lesurques donna, non-seulement le buste, mais encore un portrait en miniature.

Le 24 floréal, le ministre de la justice envoya l'ordre d'extraire Richard du bagne de Rochefort. On n'attendait plus, pour ouvrir les débats, que la présence de ce forçat, quand Dubosc et Vidal, sentant s'approcher l'heure du châtiment, résolurent de tenter une évasion. Ils parvinrent en effet, le 3 messidor, à escalader les murs de leur prison. Vidal se laissa glisser le premier et fut bientôt hors d'atteinte. Moins heureux, Dubosc tomba si lourdement, qu'il se cassa la jambe. Repris, réintégré dans son cachot, Dubosc fut soigné si habilement par le chirurgien de la prison, le citoyen Duclos, qu'en peu de jours la fracture fut guérie. Le bandit avait dû être transporté à l'infirmerie. Il chercha son salut dans l'accident qui paraissait devoir causer sa perte. Il dissimula assez habilement les progrès de sa guérison et le rapide rétablissement de ses forces, pour tromper le citoyen Duclos lui-même. Un jour, profitant de l'absence de surveillance que semblait justifier son état, il se glissa dans le quartier des femmes, avertit la Claudine Barrière, et tous deux s'échappèrent sans laisser aucune trace visible de leur évasion. Sans doute, l'or dont disposait le scélérat lui avait servi à corrompre quelque guichetier.

Cette évasion, qui remettait tout en question pour la famille et les amis de Lesurques, eut lieu le 29 thermidor (16 août 1798). Dubosc et sa compagne surent se procurer quelque asile impénétrable, et, de là, le misérable écrivit au citoyen Duclos cette lettre impudente, dans laquelle on retrouve un écho des doctrines du temps :

« L'artiste inestimable qui conserve les membres les plus précieux à l'existence nous rend, selon moi, un service infiniment plus grand que nos pères, qui, en nous donnant le jour, ne suivent que l'instinct et la routine commune à tous les animaux. »

Le mécompte de cette évasion ne fut que faiblement réparé par l'arrestation de Vidal. A peine

Dubosc venait-il d'échapper à ses juges, qu'on apprit que, dès le 1er thermidor, Vidal était tombé de nouveau, à Lyon, entre les mains de la justice. Vidal fut ramené à Versailles, et la procédure fut reprise. Le complice de Dubosc se renferma dans un système de dénégation absolue. Aux débats, il chercha impudemment à intimider les témoins, à éveiller le doute dans leur mémoire, les scrupules dans leur conscience. Quelques-uns hésitaient, et un d'eux, indigné de tant d'audace, s'écria en le regardant : — « Non, je ne me trompe pas; c'est bien vous que j'ai vu à Lieursaint avec Courriol et deux autres, le jour même de l'assassinat du courrier. Mais je me suis trompé quand j'ai pris le citoyen Guesno pour vous, et je suis bien fâché de ce que j'ai dit de lui. »

Le 23 fructidor an VI (10 septembre 1798), le Tribunal criminel de Versailles, sur la déclaration unanime du jury, condamna Vidal à la peine de mort.

Le jugement déclara Pierre Pialat, se disant Vidal, Dufour, surnommé le grand Lyonnais et Lafleur, non convaincu d'être l'auteur de l'assassinat d'Excoffon, mais convaincu d'avoir aidé et assisté les auteurs de cet homicide, méchamment et à dessein de le favoriser, avec préméditation; non convaincu d'avoir commis un homicide sur la personne d'Audebert, mais convaincu d'avoir aidé et assisté les auteurs de cet homicide, méchamment et dans le dessein de le faciliter, avec préméditation. Quant à la soustraction, convaincu d'en être auteur, de l'avoir faite méchamment et dans le dessein de s'approprier le bien d'autrui, de l'avoir faite avec violence, sur un grand chemin, de nuit, avec plusieurs personnes portant des armes à feu et des armes meurtrières ; par ces motifs, le condamne à la peine de mort et *à la restitution des effets volés, appartenant à la République, laquelle sera prise sur les biens meubles et immeubles qui seront délaissés par ledit condamné.*

Vidal se pourvut en cassation le 28 fructidor an VI; son pourvoi fut rejeté le 28 vendémiaire an VII, et il fut exécuté le 12 frimaire an VII.

C'était le troisième des assassins véritables du courrier de Lyon qui portait sa tête sur l'échafaud.

CHAPITRE X.

On retrouve la trace de Dubosc. Perquisition chez Claudine Barrière ; découverte du domicile de Dubosc ; son arrestation. — Reprise de la procédure ; disparition de pièces importantes. — Dubosc reconnu par plusieurs témoins. Attitude de l'accusé ; perplexités des témoins de Montgeron et de Lieursaint ; un seul rétracte son témoignage. — Défense de Dubosc ; sa condamnation, son exécution. — On retrouve la piste de Roussy ; son extradition obtenue. Sa condamnation, son exécution ; sa déclaration suprême en faveur de Lesurques.

Deux ans s'étaient écoulés, depuis que Dubosc avait soustrait à la justice la preuve vivante de l'innocence de Lesurques, quand M. Eymery retrouva enfin la trace du bandit. Depuis deux ans, M. Eymery employait, à ses frais, un agent particulier chargé de rechercher Dubosc. Chasse difficile, où le gibier, qui se savait poursuivi, avait déployé toutes ses ruses pour dépister le chasseur. Dubosc avait été jusqu'à faire insérer dans les journaux des notes indiquant qu'on l'avait vu à Roanne, qu'on l'avait arrêté à Lyon. M. Eymery ne prit pas le change.

Enfin, le 13 fructidor an VIII (31 août 1800), M. Eymery fut informé que la maîtresse de Dubosc, Claudine Barrière, était à Paris. Le domicile de cette femme une fois découvert, un mandat de perquisition fut obtenu, et on y trouva les papiers de Dubosc, quatre passe-ports, une carte de sûreté, une malle vide, des manches d'outils, des échantillons de limes, des billets de garde. En examinant plus attentivement la malle, les agents reconnurent que les panneaux en étaient doubles et formaient une cachette, dans laquelle on trouva quinze clefs neuves, vingt-cinq rossignols et quatre autres passe-ports. La Claudine Barrière, interrogée à la Préfecture de police, refusa de faire connaître l'asile de Dubosc.

Le lendemain, l'agent de M. Eymery découvrait cet asile, rue Hauteville, n° 11. M. Eymery requit un commissaire de police; on s'y transporta, et ce nouveau domicile fut, comme le premier, trouvé rempli d'instruments de vol, de fausses clefs, d'armes, de perruques de toutes les couleurs. On avait la cage, mais sans l'oiseau; la police, bien qu'on lui eût apprêté sa besogne, avait su encore arriver trop tard. Heureusement, l'agent de M. Eymery n'avait pas perdu la trace de Dubosc; il le fit arrêter par les hommes de garde du poste du Petit-Carreau.

On prit, cette fois, les plus grandes précautions pour empêcher une évasion nouvelle. La procédure spéciale à Dubosc fut reprise, et l'ouverture des débats indiquée pour le 28 brumaire an IX (19 novembre 1800).

Le Président du Tribunal criminel de Versailles voulut, autant que cela était possible, faire tourner le jugement de ce scélérat au profit de la mémoire de Lesurques. Aussi, rendit-il un arrêt pour se faire remettre les déclarations de Courriol, les registres de l'horloger Legrand, le billet de garde de Baudard. Fatalité, ou mauvaise volonté, rien de tout cela ne se retrouva au greffe de Paris.

Pour les déclarations de Courriol, il y avait notoriété; pour le billet de garde de Baudard, on eut la déclaration du capitaine de la compagnie, qui, frappé de l'importance de cette date du 9 floréal, l'avait conservée dans sa mémoire. Quant au registre de Legrand, la perte était irréparable.

Dubosc fut présenté aux débats, coiffé d'une perruque blonde; on le confronta d'abord avec les témoins qui l'avaient reconnu dans le premier procès. *Chéron* persista à reconnaître dans cet homme un des quatre individus qui, le 8 floréal an IV, étaient venus chercher des chevaux chez Bernard. *Madeleine Bréban* le reconnut encore pour l'individu chez qui Courriol avait changé de linge et d'effets, rue Croix-des-Petits-Champs. *Richard* accusa formellement Dubosc de complicité dans l'assassinat, et rapporta de nouveau les déclarations à lui faites par Courriol et les conversations significatives tenues au Cadran-Bleu. On lut une lettre due à l'initiative d'un forçat de Toulon, le nommé *Pierre-Gérard Vol*, qui, voulant, disait-il, purger la société de tous ceux qui l'avaient poussé dans la route du crime, désignait Dubosc comme l'un des auteurs de l'assassinat de Lieursaint.

Le ministère public proposa de faire entendre les témoins qui, en l'an IV, avaient déposé à la décharge de Lesurques. Le défenseur de Dubosc s'y opposa. Nonobstant, on entendit quelques-uns de ces témoins, entre autres Legrand et André Lesurques. Tous ceux qu'on entendit persistèrent à affirmer l'*alibi*.

Le lendemain, on entendit les témoins qui avaient déposé à charge, c'est-à-dire les témoins de Lieursaint et de Montgeron. Malgré l'opposition du défenseur de Lesurques, on leur lut les déclarations de Courriol et de Durochat. Dubosc était là, comme au premier procès, regardant les témoins avec impudence, les interpellant, les avertissant qu'une parole dite au hasard pouvait faire condamner un innocent, les intimidant du geste et du regard. C'était une position grave que celle de ces témoins; la plupart d'entre eux s'étaient déjà trompés relativement à Guesno, et avaient failli faire condamner un homme dont l'innocence, aujourd'hui, était hors de cause. Qu'arriverait-il, s'ils avouaient qu'ils avaient affirmé aussi légèrement pour Lesurques que pour Guesno? On n'avait pas manqué de leur insinuer que la famille de Lesurques, si leur erreur était avérée, serait en droit de les poursuivre en dommages-intérêts. Et ce Dubosc, qui s'échappait toujours, qui s'échapperait sans doute encore, c'était un ennemi terrible qu'on tournait contre soi! Et puis, après tantôt cinq ans, comment retrouver dans sa mémoire des souvenirs assez précis pour distinguer l'un de l'autre deux hommes dont l'un n'est plus là, dont l'autre a les traits changés par les années?

Ces perplexités des témoins du 8 floréal se devinent dans leurs réponses. Tous reconnurent qu'il y avait entre Lesurques et Dubosc une grande ressemblance. Mais, en comparant Dubosc moins à l'homme de leurs souvenirs qu'au portrait de Lesurques, ils signalèrent dans tel ou tel des traits une ressemblance ou une différence; leur sentiment parut être que la ressemblance existait plutôt dans l'ensemble que dans les détails.

Un incident donna la mesure de ces témoignages.

La *femme Alfroy*, qui déjà, la veille, avait répondu avec ces incertitudes, avec ces hésitations que nous venons de rapporter, interrogée de nouveau, se recueille et s'écrie : — « Que si, devant le Tribunal criminel de Paris, elle a reconnu Lesurques, aujourd'hui, sa conscience lui fait un devoir de dire qu'elle s'est trompée; qu'elle croit fermement qu'elle n'a pas vu Lesurques, mais Dubosc présent; qu'elle l'a déjà reconnu dans l'autre procès, et l'a dit au directeur du jury de Pontoise. »

M. le Président demande au témoin si, depuis le commencement des débats, et avant que la perruque blonde fût posée sur la tête de Dubosc, elle l'a reconnu? — Le témoin répond : Oui.

M. le Président appelle l'attention du témoin sur

la gravité de cette déclaration; elle paraît émue, considère attentivement Dubosc, s'avance, pour le mieux voir, jusqu'auprès du banc des accusés, et finit par dire que c'est bien celui-là qu'elle reconnaît.

M. le Président lui demande pourquoi elle n'a pas fait cette déclaration dans l'audience précédente? — Elle répond *qu'elle n'a pas osé.*

C'était dire le vrai mot des autres témoignages; scrupule de conscience ou timidité, les autres témoins *n'osaient pas.*

Quant à Dubosc, tout cela avait au fond très-peu d'importance; car il était surabondamment prouvé, par les déclarations de Courriol, par celles de la Bréban, par celles de Durochat, par les témoignages de Chéron et des personnes attachées à l'hôtel de la Paix, par les dires enfin de Richard, qu'il était *le blond* qu'on retrouvait partout parmi les assassins. Or, y avait-il eu deux blonds? Un seul témoin, parmi tous ces témoins qui se contredisaient sans cesse, la dame *Châtelain,* avait dit, *pour la première fois,* dans le dernier procès, qu'elle *croyait* avoir vu deux blonds, mais *qu'elle n'en était pas sûre.* Tout l'ensemble des témoignages détruisait cette supposition.

Le défenseur de Dubosc ne chercha pas moins, avec habileté, avec chaleur, à couvrir son client de la condamnation prononcée contre Lesurques. — « Attaquerez-vous ce jugement, dit-il, et viendrez-vous discuter l'indiscutable verdict d'un jury? Ce verdict, aujourd'hui, fait foi et est placé hors d'atteinte. Tout s'est passé dans la conscience et la conviction des jurés; *vous ne pouvez frapper deux têtes pour le même crime.* Or, il est certain, les témoignages le prouvent, que parmi les quatre individus vus à Montgeron et à Lieursaint le 8 floréal, *un seul avait les cheveux blonds*, un seul a demandé de la ficelle pour raccommoder la chaînette de son éperon. Eh bien! cet individu blond, qui a demandé de la ficelle, qui, plus tard, a été vu se promenant avec Vidal à Lieursaint, c'est Lesurques. Lesurques a été condamné; sa condamnation a acquis force de chose jugée; elle serait inconciliable avec une condamnation nouvelle. »

Dubosc avait, de son côté, élucubré un Mémoire, dans lequel il prenait à partie tous ses adversaires. Il y représentait M. Daubanton comme son ennemi personnel; la Bréban comme une fille perdue, dont les dires n'avaient aucune valeur; Chéron comme un homme suborné par Lesurques. « Durochat, y disait-il, ne l'avait accusé que dans l'espoir d'obtenir un sursis. Si l'on avait trouvé chez lui des armes de tous genres, des instruments de fer et d'acier, c'est qu'il se proposait de passer en Angleterre, *pour y faire sauter et incendier tout ce qu'il pourrait, en revanche du mal que les Anglais faisaient à la France.* »

Ni l'habileté du défenseur, ni le patriotisme original du bandit, n'eurent le pouvoir de convaincre le jury. Le 1er nivôse an IX (21 décembre 1800), une déclaration unanime de culpabilité intervint contre Dubosc.

Le jugement déclara Jean-Guillaume Dubosc, en ce qui concernait l'homicide commis sur le courrier Excoffon, non convaincu d'avoir aidé et assisté volontairement, avec préméditation, les auteurs de cet homicide; non convaincu d'être auteur de l'assassinat d'Audebert; convaincu d'avoir aidé et assisté volontairement, avec préméditation, les auteurs de cet homicide; quant à la soustraction, non convaincu de l'avoir commise, mais convaincu d'en avoir aidé et assisté les auteurs dans une intention criminelle; le jugement entoura la soustraction de ses circonstances ordinaires, le grand chemin, la nuit, le nombre des auteurs, la violence, mais il écarta la circonstance du port d'armes à feu, ajoutant que les auteurs portaient d'autres armes meurtrières. En conséquence, Dubosc fut condamné à la peine de mort.

Anne Claude, ou Claudine Barrière, dite Prince, se disant femme Dubosc, convaincue seulement de recel des objets volés, fut condamnée à la peine de 24 années de réclusion, et tous deux, *solidairement et collectivement, à rembourser à la République tous les frais et objets volés, lesquels dommages-intérêts et restitutions seront pris sur les meubles et immeubles de ces condamnés.*

Dubosc ne se pourvut pas en cassation, car il fut exécuté à Versailles, le 5 nivôse suivant (25 décembre). Dans cette longue lutte avec la société et la justice, le scélérat s'avouait vaincu.

Voici donc, après quatre ans, quatre des assassins véritables atteints par la justice; et, de ces quatre, deux ont avoué leur crime et celui des deux autres.

Un seul manque encore au rendez-vous et a su jusqu'alors se soustraire à l'expiation : c'est Roussy.

Les seuls témoignages qui s'élevassent contre Roussy, c'étaient les aveux de Courriol et de Durochat, une vague indication de la Bréban, l'affirmation de Richard relativement à la présence de ce contumax au déjeûner du Cadran-Bleu. Si les déclarations de Courriol et de Durochat se trouvaient vérifiées, de ce côté encore, quelle gravité n'allaient-elles pas acquérir relativement à l'innocence de Lesurques!

Vers la fin de l'an XI, on apprit que ce Roussy, qui se faisait appeler aussi Rossi, Rouchy, Ferrari, l'Italien, le Grand Italien, Louis Béroldy, avait réussi à quitter la France et s'était rendu à Milan. Là, il s'était livré à diverses entreprises industrielles, notamment à l'épuration et à la conservation des huiles. Possesseur d'un procédé relatif à ce dernier objet, il avait eu l'idée d'aller l'exploiter à Madrid. Il y avait rencontré un concurrent, noble Espagnol, qui, curieux de savoir qui était cet homme, et apprenant qu'il avait habité la France, fit demander à Paris, par l'ambasssade, des renseignements sur son compte. La police, interrogée, répondit que ce Luizi Beroldy devait être le Roussy, désigné par deux des assassins du courrier de Lyon comme un de leurs complices. Le gouvernement français demanda et obtint l'extradition. Roussy-Béroldy parut, à son tour, devant le Tribunal criminel de Versailles.

Le passé de Roussy n'avait rien qui ne s'accordât avec les antécédents de ses complices; il avait commandé une de ces bandes, alors si nombreuses en France, qui avaient pour spécialité les vols dans les églises. Roussy nia obstinément toute participation au crime de Lieursaint, toute relation avec les individus condamnés pour ce crime. Mais il fut positivement reconnu, à une tache de vin qu'il portait à la main, par Madelaine Bréban, par Chéron, l'homme aux chevaux, par plusieurs autres témoins.

Comme Dubosc, Roussy excipait habilement, pour sa défense, des jugements antérieurs. Il y a eu *cinq* assassins, disait-il; vous avez déjà condamné *six* individus : voulez-vous encore condamner un innocent?

Le jury n'hésita pas, et, sur sa déclaration unanime, le 29 pluviôse an XII (19 février 1804), le Tribunal criminel de Seine-et-Oise condamna Roussy.

Le jugement déclara Roussy dit Béroldy, convaincu d'avoir commis sur les personnes d'Excoffon et d'Audibert deux homicides volontaires, avec préméditation, et le condamna à la peine de mort, et de plus *à rembourser à la République tous les frais du procès auquel les poursuites et punitions de son crime ont donné lieu*. Les frais furent liquidés à 2,895 fr. 05 c.

Le 11 messidor suivant, l'échafaud était dressé

sur une des places publiques de Versailles. Deux heures avant l'exécution, la Cour de justice criminelle de Versailles permit que M. le substitut du Procureur général impérial insistât auprès du condamné, pour obtenir de lui l'aveu de son crime et le nom de ses complices. Voici le procès-verbal de cet interrogatoire :

A lui demandé s'il avait connu Lesurques ?

A répondu : *Non*.

A lui observé que sa déclaration intéresse la famille Lesurques, si ce dernier avait été condamné quoique innocent, ou la société et la justice, s'il avait été condamné comme coupable ?

A répondu qu'il persiste à déclarer *qu'il ne connait pas et n'a jamais connu Lesurques*, et que lui Béroldy est innocent; qu'au reste il est inutile d'écrire *innocent*, puisqu'il va périr comme coupable.

Après cette déposition, il monta à l'échafaud, où il fut accompagné par M. Degrandpré, curé de Notre-Dame de Versailles. L'exécution achevée, M. Degrandpré se rendit chez le substitut du Procureur général impérial, où il déclara qu'il venait d'assister Roussy, se disant Béroldy, jusqu'au lieu de son supplice; qu'arrivé audit lieu, Roussy lui avait dit qu'il l'autorisait à déclarer à la justice que le jugement qui condamnait lui Roussy était bien rendu; que, deux jours avant l'exécution, il lui avait remis, écrit de sa propre main, un testament de mort dont il exigea que l'ouverture fût différée de six mois.

M. Degrandpré en fit le dépôt chez M. Destréman,

notaire à Versailles; cet écrit était ainsi conçu : *Je décalare que le nome le Surques et inocent, mes sete decalaration que je don² à mon confeseur, il ne pourra la décalarer à la justice que sixe mois apres ma morte.*
Signé : Loui Béroldi.

La déclaration contenue dans ce testament de mort, M. le curé de Versailles la connaissait, mais n'était pas autorisé à la faire connaître; il ne l'avait reçue que sous le sceau de la confession. Mais, si l'on rapproche ces lignes écrites par Roussy, deux jours avant son exécution, et lorsqu'il pouvait conserver encore cette faible lueur d'espérance qui n'abandonne un condamné que sous le couteau fatal, des derniers mots prononcés par lui : Je suis bien jugé, n'est-il pas évident que l'attestation relative à Lesurques, porte le caractère d'un devoir de conscience, accompli au seuil de la mort, avec d'autant plus d'autorité, que l'aveu est différé par le coupable jusqu'au moment où il ne pourra plus lui être nuisible?

Il faut clore ici ce bilan terrible de huit années. Les 18 thermidor an IV, 17 germinal an V, 23 fructidor an VI, 1ᵉʳ nivôse an IX, et 29 pluviôse an XII, cinq individus ont été déclarés coupables des homicides commis le 8 floréal; deux autres ont été convaincus d'avoir *aidé et assisté* les auteurs de ces homicides. De ces *sept* individus, *cinq* seulement étaient coupables : faits, accusation, témoignages, aveux des assassins, tout le démontre. Les deux innocents, tout le prouve encore, se nomment Bernard et Lesurques. De ces deux erreurs judiciaires, celle qui a frappé Bernard, pour si déplorable qu'elle ait pu être, n'a frappé au moins qu'un misérable convaincu de complicité morale et d'une hideuse spéculation sur les fruits du crime.

Celle qui a frappé Lesurques a atteint un honnête homme, qui n'avait jamais eu le moindre rapport avec les assassins, qui ne connaissait pas même leur existence, pas plus qu'ils ne soupçonnaient la sienne. Elle a frappé plus qu'un innocent ; elle a brisé, elle a dépouillé, elle a flétri toute une malheureuse famille. Elle a fait pis encore : elle a atteint profondément l'idée de justice, et diminué le respect de tous pour la chose jugée, la confiance universelle dans le juge, expression vivante de la loi.

Voilà pourquoi, depuis le jour où fut portée l'inique sentence, a commencé, pour ne plus finir, une protestation universelle, une coalition de tous les gens de bien contre ce jugement coupable.

Il nous reste à assister à ce spectacle plein de grandeur des efforts incessamment tentés pour la réhabilitation, non pas seulement de Lesurques, mais de la justice elle-même.

CHAPITRE XI.

Tentatives pour obtenir la réhabilitation. — Demande de communication de pièces; elle est rejetée. — Demande nouvelle; rapport de M. Giraudet, rejet de la requête; nouvelle requête, fin de non-recevoir. — Pétition aux Chambres. — Décision du garde des sceaux. — Rapport favorable de M. de Valence et de M. de Floirac. — Mémoire de M. Salgues. — M. Zangiacomi est chargé de faire un rapport; ce qu'était M. Zangiacomi.

Lorsque le dernier des assassins de Lieursaint eut expié son crime, en confiant au ministre de Dieu une preuve nouvelle de l'innocence de Lesurques, la veuve de Lesurques, et, au nom de ses enfants mineurs, leur tuteur, M. Lesurques, frère de Joseph Lesurques, firent une première démarche tendant à obtenir la réhabilitation de l'infortuné chef de leur famille.

Et d'abord, au mois d'avril 1804, ils présentèrent à la Cour criminelle de Versailles une requête à fin d'obtenir la communication des pièces du procès, annonçant leur intention de se pourvoir en révision, pour cause d'erreur évidente, contre le jugement du 18 thermidor an IV. Le magistrat qui remplissait les fonctions du ministère public près cette Cour de justice était M. Giraudet, celui-là même qui remplissait ces fonctions dans les procès de Vidal, de Dubosc, et de Roussy.

M. Giraudet fit à la demande des héritiers Lesurques la réponse suivante :

« Attendu que le sieur Lesurques, signataire de
« ladite requête, la veuve et les enfants Lesurques,
« au nom desquels il annonce qu'elle est aussi pré-
« sentée, ne sont point parties au procès, dont
« quelques pièces seulement sont demandées en
« expédition; attendu, d'ailleurs, que les *principes*
« *de notre législation en matière criminelle n'auto-*
« *risent point les demandes en révision;* qu'ainsi
« aucun des sus-nommés ne se présente sous des
« rapports convenables *de qualité ou d'intérêt;* estime
« qu'il n'y a lieu par la Cour de justice de faire
« droit à la présente requête. Au parquet de Ver-
« sailles, le 9 fructidor an XII.

« Giraudet. »

On peut noter, dans cette fin de non-recevoir, deux assertions étranges : d'abord, le représentant de la famille Lesurques, la veuve et les enfants du condamné, n'ont au procès ni qualité ni intérêt! Puis, les demandes en révision ne peuvent être autorisées; c'est un magistrat isolé qui, de sa pleine autorité, décide cette grave question.

Le 13 fructidor (30 août), la Cour criminelle de Versailles rendit un arrêt conforme à ces conclusions.

La famille Lesurques ne se rebuta pas. Le 4 avril 1806, Me Caille présentait, en son nom, à Napoléon Ier une humble requête, et M. Daubanton mettait sous les yeux du grand-juge Régnier ce Mémoire dont nous avons parlé, dans lequel il demandait la révision du procès. « La réhabilitation d'un innocent condamné et exécuté est, disait M. Daubanton, *de droit public*. S'il n'existe plus de loi qui règle les formes à suivre pour y parvenir, *elle peut être faite;* elle peut être isolée du Code criminel; si toutefois elle doit en faire partie, elle s'y rattachera aisément ensuite; elle remplira une lacune qui ne devrait pas exister, et qui aurait peut-être existé longtemps encore dans nos lois criminelles, si l'affaire Lesurques n'en démontrait l'absolue nécessité. »

L'Empereur fut vivement ému des termes de la requête : cette erreur possible, effroyable si elle avait été vraiment commise; cette famille en pleurs, redemandant l'honneur pour elle et pour son chef; son représentant offrant, dans les termes les plus touchants, avec la conviction la plus ardente, de se constituer prisonnier, et dévouant sa tête, s'il ne parvenait pas à prouver l'innocence de son malheureux parent, tout cela montrait un devoir à remplir. Napoléon ordonna au duc de Massa de lui faire un rapport sur cette affaire.

Malheureusement, les intentions de l'Empereur

ne purent être remplies. Le magistrat choisi par le grand-juge Régnier fut justement M. Giraudet, cet avocat impérial qui, deux ans auparavant, avait pris sur lui de repousser toute idée de révision. M. Giraudet avait surpris en flagrant délit d'erreur les témoins à charge contre Guesno, ces mêmes témoins qui avaient fait tomber la tête de Lesurques; il avait entendu Richard, la Bréban, la femme Alfroy, Chéron, Gauné, Perrin, prouver que le blond, complice des quatre autres assassins, ne pouvait être que Dubosc; M. Giraudet connaissait les aveux de Courriol, de Durochat, de Roussy; et cependant, le magistrat ne craignit pas d'écrire dans son rapport : « *Il a été vérifié* , autant qu'il a été possible de le faire, que cette confusion de personnes, *seul moyen produit en faveur de Lesurques*, n'avait point existé. Toutes les précautions prises ont amené des résultats évidemment contraires à Lesurques. »

C'est une lourde responsabilité que celle assumée par l'auteur d'assertions semblables. Supprimer d'un trait de plume quinze témoignages sur l'*alibi*, quatre-vingt-trois témoignages sur l'honorabilité de Lesurques, les aveux désintéressés de trois mourants, les aveux d'un complice encore vivant, les déclarations uniformes de quatre témoins, la rétractation solennelle, persistante, d'un des témoins trompés : voilà ce qu'a dû faire M. Giraudet, pour conclure que la confusion de personnes avait été le seul moyen produit en faveur de Lesurques, et qu'elle n'avait pas existé. Et M. Giraudet avait fait condamner Dubosc, l'homme à la perruque blonde, comme ayant aidé et assisté les meurtriers du 8 floréal !

La requête de la famille Lesurques fut rejetée sur les conclusions du Procureur impérial de Versailles.

En 1810, l'iniquité de 1796 fut définitivement consommée. Les biens de Lesurques furent assignés à la dotation du Sénat conservateur. On les avait déjà attribués à la sénatorerie du comte de Jacqueminot, quand cet honnête homme les repoussa par ces nobles paroles : — « Je respecte trop le champ du malheur, pour recevoir des biens entachés du sang d'un innocent. Il faut les restituer à la famille de la victime. »

Cette fortune volée, butin sanglant que refusait l'indignation des honnêtes gens, on eut ensuite l'étrange pensée d'en salir la dotation de la Légion d'Honneur. On y renonça, et le fisc, qui ne connaissait pas de scrupules, reprit sa proie et fit vendre au profit du Trésor les biens de l'innocent.

Au milieu des orages politiques de 1814, les héritiers Lesurques firent une démarche nouvelle auprès de M. Dambray, chancelier et ministre de la justice du roi Louis XVIII; ils demandaient une fois encore communication des pièces du procès. M. Dambray renvoya la requête à M. le Procureur général Legoux, lequel naturellement en référa à M. le Procureur royal de Versailles. M. Giraudet, c'était toujours lui qui occupait ce poste, *certifia* à M. Legoux, ce sont les propres expressions de ce dernier, « que la coopération de Lesurques à l'assassinat du courrier de Lyon était DE LA DERNIÈRE ÉVIDENCE. »

Le 7 septembre 1814, M. Legoux répondit à M. le chancelier qu'il y aurait inconvénient à communiquer les pièces.

Pendant les premières années de la Restauration, les héritiers Lesurques durent garder le silence. Mais, quand la France se fut rassise et calmée, ils élevèrent de nouveau la voix. Le 9 novembre 1821, une pétition fut présentée aux deux Chambres par la veuve et les deux filles de Lesurques. A ce moment, en effet, la descendance de Lesurques ne se composait plus que de deux enfants, Mélanie-Augustine et Virginie-Madeleine. Le fils, Alexandre-Joseph Lesurques, s'était engagé à dix-huit ans, poussé surtout par le noble désir de faire quelque action d'éclat qui lui permît de demander à l'Empereur la réhabilitation de son père. Parti en 1812, le malheureux jeune homme avait disparu, enseveli sans doute dans les neiges de la Russie. Depuis neuf ans, on n'en avait pas eu de nouvelles.

La pétition de 1821, rédigée par M. Salgues, va droit à l'obstacle, c'est-à-dire au Code pénal. On répondait aux héritiers Lesurques : Les verdicts d'un jury sont inattaquables, la loi ne permet pas la révision; la pétition réplique en demandant, si toutefois la prérogative royale ne comprenait pas, avec le droit de grâce, le droit de réhabilitation, « une loi qui puisse enfin satisfaire à la justice, suppléer les imperfections de notre jurisprudence criminelle, et l'absoudre enfin du reproche d'être sans puissance pour réparer le mal qu'elle a le pouvoir de faire. »

Cette pétition, et une notice qui y était jointe, étaient au rapport dans les deux Chambres, quand intervint un nouvel et fâcheux incident. Sur un rapport, rédigé dans les bureaux de son ministère, M. de Serre, alors garde des sceaux, rendit, le 30 novembre 1821, la décision suivante :

« Admettre que la réhabilitation, dans ce sens qui déclarerait un arrêt exécuté non avenu, dérivé du droit de grâce, implique contradiction, puisque la grâce suppose l'existence de la condamnation ; puisque dans l'espèce, la grâce ne peut avoir d'objet, l'individu à gracier n'existant plus ; puisque enfin, la grâce elle-même, dans sa plus grande étendue, n'a jamais l'effet d'abolir en elle-même la condamnation.

« Il est reconnu que les dispositions du Code d'instruction criminelle ne donnent pas ici ouverture à une annulation d'arrêt. Dans l'état actuel de la législation et de la prérogative royale, il n'y a donc rien à faire.

« On pourrait demander s'il est utile de proposer une loi nouvelle pour les cas analogues. Le seul motif serait le petit nombre de familles frappées dans l'un des leurs par un arrêt injuste, et soumises à l'effet de ce préjugé qui ne sera jamais entièrement détruit, parce qu'il exprime cette vérité morale, que l'on participe à la honte comme à la gloire de ses proches. Mais cet intérêt ne peut être mis en parallèle avec l'inconvénient de remettre en question, après leur exécution, la vérité ou l'erreur des condamnations capitales, lorsque les familles ne se présenteraient, la plupart du temps, que longues années après l'arrêt; lorsque les preuves auraient dépéri, et qu'il y aurait bien moins de probabilités pour la manifestation de la vérité qu'au jour même de l'arrêt attaqué; lorsque ces demandes s'appuieraient presque toujours ou sur la faveur, ou sur l'inimitié, ou sur la réaction, ou enfin sur un de ces mouvements de l'opinion populaire, plus passionnés encore. En résultat, pour une injustice réelle reconnue et bien imparfaitement réparée, on ébranlerait jusque dans ses fondements la justice elle-même.

« *Signé* : H. DE SERRE. »

Les Chambres, heureusement, n'adoptèrent pas cette impitoyable théorie, qui consacrait l'erreur, et présentait l'injustice comme irréparable, au nom de la justice elle-même. Le 14 décembre 1821, M. le comte de Valence faisait à la chambre des Pairs, au nom du Comité des pétitions, un rapport sur la pétition de la famille Lesurques. Ce comité était composé de six hommes éminents, MM. le comte Molé, le comte Portalis, le duc de Saint-Aignan, le comte de Castellane, le vicomte de Montmorency, le comte de Valence.

Le Rapport, tout en jetant un voile sur l'injustice et la partialité des juges, qu'il supposait trompés par « des circonstances malheureuses, » par des dépositions « fausses et légères, » dénonça l'arrêt de l'an IV comme entaché d'une « funeste erreur. »

Lesurques avait péri, « malgré l'invraisemblance de l'accusation, malgré la voix publique qui la démentait, malgré les aveux des coupables, » et l'apparition trop tardive de Dubosc, avait été « un coup de foudre dont l'éclair déssilla tous les yeux. » Il fallait donc obtenir la réhabilitation de l'innocent, déjà « reconnue et proclamée par le grand jury de l'opinion publique... Dans toutes les législations du monde, l'erreur de fait ne préjudicie pas ; elle peut toujours être réparée. L'erreur la plus grave, la plus terrible dans ses suites et dans ses effets, serait-elle donc la seule contre laquelle la loi n'offrirait aucun moyen de redressement ? » Cela était impossible.

Or, continuait le Rapport, le Code criminel dit, art 443, que deux condamnations, successivement prononcées pour le même crime ne sauraient se concilier : c'est le cas applicable à Lesurques. « La preuve de son innocence est acquise, *il n'y a ni doute ni contradiction à cet égard;* le bénéfice de la révision peut-il n'être pas acquis à la famille qui vous implore ? »

Mais on invoquait l'intérêt social, lié à l'irrévocabilité des jugements ; « comme si l'intérêt de la société n'était pas essentiellement d'assurer justice à l'innocence ! » On invoquait encore la présomption de vérité que la loi attache aux jugements légalement rendus ; « comme si une simple présomption de droit pouvait prévaloir à l'évidence d'un fait contraire qui le détruit ! » On en appelait au respect dû aux déclarations des jurés ; « comme si la loi, en ouvrant, dans les cas qu'elle a spécifiés, la voie de la révision des jugements par jurés, n'avait pas repoussé elle-même cette considération, par la considération plus puissante de la faveur que l'innocence doit toujours obtenir ! »

Voilà les vrais principes, tirés du fonds commun du bon sens, et que reconnaît comme siens la conscience de l'humanité.

Restait toutefois une objection grave, pratique. L'inconciliabilité des arrêts une fois reconnue, il faudrait casser ces arrêts, procéder à une instruction nouvelle, à de nouveaux débats : mais entre qui ? Les deux condamnés n'existent plus ; une nouvelle procédure est désormais impossible ; partant, aucun moyen de révision. « Objection désolante, si elle était insoluble. Mais quoi ! parce que la vérité s'est manifestée trop tard, elle perdrait ses droits ! Ceux de l'innocence ne sont-ils pas imprescriptibles !.. Si cette terrible conséquence de l'impossibilité de la révision dérivait de la loi, il faudrait appeler de la loi à la loi même. »

Le Comité pensait donc qu'en présence de l'évidence et de la notoriété d'une erreur, il ne fallait pas s'arrêter à cette difficulté de pure forme d'une procédure prescrite. La révision étant dans l'intention de la loi, il fallait suppléer à l'absence des moyens par une loi prévoyant le cas non prévu, et déterminant le mode de révision à suivre après la mort de l'un ou de l'autre, ou des deux condamnés par deux arrêts successifs et inconciliables. C'est dans cet esprit que le Rapport proposait le renvoi de la pétition au Ministre de la justice, et le dépôt au Bureau des renseignements.

Ce Rapport restera comme une œuvre de haute raison et de grand cœur. Les sentiments si élevés qu'on y trouve appartiennent en propre à M. le comte de Valence; mais, alors frappé d'une maladie mortelle, cet honnête homme n'avait pu suffisamment étudier les pièces du procès; on le reconnaît à l'erreur étrange qu'il commit en attribuant à Dubosc un aveu de son crime. La discussion légale peut être attribuée à M. le comte Portalis.

Le lendemain, 15 décembre, M. le comte de Floirac, député de l'Hérault, faisait à la chambre des Députés un rapport semblable, au nom d'une commission ainsi composée : MM. Bazire, le comte de Riocourt, le comte de Salaberry, le vicomte Donnadieu, le comte de Bernis, le vicomte Héricart de Thury, le comte Rolland d'Erceville, Barthe-Labastide, le comte de Floirac. Le Rapport conclut ainsi :

« Jamais l'innocence d'un prévenu ne fut mieux prouvée : aussi la mémoire de cette victime de l'erreur et de la prévention fut bientôt justifiée dans son département et parmi tous ceux qui avaient suivi les détails de cette déplorable affaire. Mais ce n'est pas assez pour cette famille infortunée. Elle a droit à une réparation solennelle... On lui oppose l'inviolabilité des jugements du jury, l'impossibilité d'y porter atteinte, et on ne peut, lui dit-on froidement, offrir à son malheur que des regrets stériles. Ah! qu'un magistrat est à plaindre, s'il est obligé de faire, à de justes réclamations, une réponse aussi désespérante.

«Sommes-nous donc une nation barbare qui commence sa civilisation? Et serait-il vrai, comme l'a dit un homme célèbre, que le jury soit une institution de l'enfance des sociétés! Je ne veux ni combattre ni appuyer cette assertion. Je déclare même que je respecte le jury comme une institution constitutionnelle; mais je dois dire, puisque l'occasion se présente, qu'il est nécessaire de remplir les lacunes qui existent dans notre législation.

« .... Toutefois, votre Commission, en adoptant son rapport, n'a pas eu l'intention de proclamer à cette tribune l'innocence de Lesurques : elle s'est élevée à des considérations d'un ordre supérieur, et en accueillant, comme elle le devait, une réclamation particulière, elle a été guidée principalement par des vues d'intérêt public.

«Il est, Messieurs, très-pénible de ne pouvoir vous faire aucune proposition capable d'assurer à la malheureuse veuve Lesurques le succès de sa demande. Votre Commission a dû se borner à vous proposer le renvoi de la pétition à M. le garde des sceaux et à M. le Président du Conseil des Ministres.»

Prenant en considération la détresse de la famille Lesurques, la commission proposait encore le renvoi de la pétition à M. le Ministre de l'intérieur.

Ce n'était pas seulement auprès des Chambres législatives que la famille Lesurques trouvait ces encouragements, ces espérances ; le président du Conseil des Ministres, le Ministre des affaires étrangères, MM. de Richelieu et Pasquier, s'associaient à ces vœux si hautement exprimés d'une réparation légale.

Il faut ajouter à ces suffrages celui du duc de Berry, qui, deux ans auparavant, avait promis à l'infortunée famille son intercession auprès du roi Louis XVIII. On sait quel crime priva les héritiers Lesurques de ce puissant protecteur (1).

Cependant, l'honnête homme qui, à son tour, s'était voué à l'œuvre de réparation, M. Salgues, travaillait à exposer toute cette affaire dans un Mémoire que la veuve Lesurques avait résolu de présenter au roi Louis XVIII. Cette étude parut, en 1822, sous ce titre : *Mémoire au Roi, pour le sieur Joseph Lesurques, etc., par M. J.-B. Salgues*, Paris, Dentu ; avec cette épigraphe : « Les scélérats redoutent la justice, les honnêtes gens redoutent les juges ; » orné d'une gravure au trait du dessin composé par Hilaire Ledru, en l'an X, représentant les Adieux de Lesurques à sa famille.

Jusqu'alors, on l'a vu, les greffes des Tribunaux criminels avaient été fermés impitoyablement aux héritiers de Lesurques ; mais les temps étaient changés, l'opinion publique se prononçait de plus

---

(1) *Voyez* notre procès de *Louvel.*

en plus; aussi M. Salgues fut-il autorisé par M. le Procureur général Bellard à consulter toutes les pièces du procès au greffe de la Cour de Versailles.

Le Mémoire de M. Salgues est la meilleure source à laquelle on puisse recourir pour l'historique de ce procès. On n'y peut noter, tout au plus, qu'un peu de désordre et l'absence des documents essentiels, Acte d'accusation, Jugements, qui ne s'y trouvent qu'en substance. Faut-il y reprendre la passion qui l'anime et quelques traces d'amertume et d'indignation, trop franchement accusées? En tout cas, ce dernier reproche est du genre de ceux qu'on ne peut adresser qu'aux hommes de cœur. La conclusion du Mémoire est celle que tirera tout esprit juste, toute âme droite. Là où la justice avait à frapper cinq têtes, elle en a fait tomber sept. Parmi les condamnés, un seul pouvait justifier d'un passé honorable, d'une conduite à l'abri du soupçon; et celui-là, les aveux de trois des coupables, quinze témoignages désintéressés, la rétractation d'un des témoins si légèrement crus, la condamnation du Sosie signalé tout d'abord, démontrent surabondamment son innocence. Et, à cette erreur patente de la justice, on opposerait une homicide indifférence! On supposerait l'infaillibilité des hommes, pour refuser la réparation de l'injustice!

M. Salgues venait de terminer ce travail, quand il apprit que M. le Garde des sceaux, c'était alors M. de Peyronnet, avait chargé de faire un rapport sur l'affaire Lesurques M. le baron Zangiacomi, conseiller d'État et conseiller à la Cour de cassation. Il s'empressa d'adresser à M. Zangiacomi un exemplaire de son Mémoire au Roi. Mais un instinct secret disait à M. Salgues qu'il n'y avait rien de bon à attendre de ce côté pour la cause qu'il défendait. M. Salgues savait quel était le passé de l'homme chargé de prononcer sur le sort de la demande en réhabilitation. Marchand à Nancy, lorsqu'éclata la Révolution française, M. Zangiacomi s'était élevé par son seul travail et par un mérite incontestable, à une des plus hautes réputations de magistrat et de jurisconsulte. C'est à lui que Napoléon Ier confiait le plus souvent le soin de défendre ses projets de décrets dans les assemblées délibérantes. Mais, si M. Zangiacomi avait les éminentes qualités du magistrat, il en avait aussi les défauts : cette âpreté qui naît du long exercice de fonctions redoutables, ce scepticisme qu'engendre une longue expérience des hommes vus sous leur plus mauvais jour, le respect superstitieux de la forme, et aussi, défauts de courtisan non plus de magistrat, le culte aveugle de l'officiel, l'idolâtrie de la dignité.

Qu'un tel homme rompît en visière à un jugement émané d'un tribunal compétent, devenu définitif, irréparable; qu'il remît en question la décision d'un Garde des sceaux, on ne pouvait guère s'y attendre. D'ailleurs, M. Zangiacomi avait été le collègue, et était resté l'ami de M. Siméon. Or, M. Siméon gardait au procès de Lesurques une sourde rancune. Cette affaire, dans laquelle il avait pris parti pour les

10.

formes de la justice officielle contre les lois de l'éternelle justice, lui était devenue odieuse. Sa conscience lui disait que, d'un mot, à une certaine heure, il eût pu sauver une tête innocente ; cette lettre de M. Jarry, ces condamnations des complices et du Sosie dont il avait nié l'existence, tout cela le gênait. Un esprit tout à fait élevé eût reconnu sa faute, l'eût regrettée, se fût voué à la réparation de l'injustice ; M. Siméon s'obstina dans l'erreur, se retrancha dans son tort, et ne chercha qu'à se tromper lui-même en trompant les autres.

Lorsque M. Salgues eut composé sa Notice historique, il en adressa un exemplaire à M. Siméon, alors comte et Ministre de l'intérieur. Que fit le comte Siméon ? Le 7 décembre 1821, il en ordonna le renvoi au Directeur général de la police ! Il enjoignit même à M. Delavau de menacer d'une arrestation les filles de Lesurques ! Ce préfet, tant calomnié, eut le cœur assez bien placé pour désobéir : il rassura, il encouragea les filles de la victime. L'honnête et naïf M. Salgues avait eu un instant la pensée de faire de M. Siméon un puissant protecteur pour la famille Lesurques. C'était mal connaître l'homme : les Daubanton sont rares en ce monde. Cruellement désabusé, M. Salgues avait traité, dans son Mémoire au Roi, M. Siméon avec quelque verdeur. Il en envoya à M. Zangiacomi un exemplaire : on ne lui fit pas même l'honneur d'un accusé de réception. La réponse de M. Zangiacomi parut dans son rapport.

CHAPITRE XII.

Rapport de M. Zangiacomi, son caractère. — Le système des sept assassins, sa valeur; erreurs et assertions fausses : conclusions adoptées par le Conseil d'Etat; réfutation par M. Salgues. — Réparation financière, premier secours, première indemnité. — Réclamation Folleville, procès, triomphe des héritiers Lesurques. — Nouvelles pétitions aux Chambres; nouvelle liquidation; Mémoire de M. Sirey. — Pétition à l'Assemblée législative; rapports de MM. Laboulie et Canet. — M. Bertin.

Ce rapport isole les expressions un peu vives à l'adresse de M. Siméon éparses çà et là dans le Mémoire au roi, et les présente comme *d'odieuses inculpations* dont il faut faire justice. Il se porte fort pour *tous ceux*, le président Gohier compris, qui ont pris part à cette affaire. Peu importe au rapporteur que les magistrats, que les jurys de la révolution aient donné de nombreux et d'éclatants exemples de partialité, de cruauté, de bassesse ! c'étaient des jurys, c'étaient des magistrats. Il ne veut voir que la fonction, non les hommes, qui, trop souvent, la déshonoraient. « Les actes du procès sont *réguliers*, dit M. Zangiacomi, on a entendu quatre-vingts témoins à décharge, les débats ont duré trois jours et près de trois nuits, ce qui montre que l'on n'a pas empêché les témoins de s'expliquer. » Cette logique de procès-verbal donne, en quelques mots, la mesure du rapport.

M. Zangiaconi a consulté, dit-il, les pièces *officielles*, le Rapport de M. Giraudet, qu'il transforme, pour la plus grande dignité du langage, en procureur *général*, et un Rapport du même temps, dont il n'est pas resté de trace, et qui avait été fait par M. de Collenel, chef de la division du personnel et des grâces au ministère de la justice ; il a consulté également, avec le plus grand soin, dit-il, les cinq procédures criminelles. A première vue, il est permis de mettre en doute ce soin scrupuleux. Le Rapport fourmille de noms propres dénaturés, Cour*i*ol, Guéno*t*, Du*t*rochat, etc. Les erreurs de fait n'y sont pas moins nombreuses : pour n'en citer qu'une à cette place, M. Zangiacomi affirme que Richard fut condamné à mort !

Dès les premiers mots du Rapport, se produit un système nouveau, fort ingénieusement imaginé, qui tend à réhabiliter, non Lesurques, mais ses juges.

Ce système consiste à affirmer que les assassins du courrier de Lyon étaient au nombre, non pas de cinq, mais de sept. « Il paraît, dit le Rapport, *certain*, d'après la procédure, que *deux autres* étaient associés à cette criminelle entreprise. On en trouve *la preuve* dans deux dépositions faites par Champeaux et sa femme... Il résulte *clairement*, ce me semble, des procès-verbaux, que ces deux hommes, armés comme les quatre autres (le rapport dit ailleurs : armés de deux pistolets), aussi suspects qu'eux, cheminant à leur suite, craignant qu'ils ne fussent reconnus et allant les rejoindre, forment une seule et même bande.... de sept individus, en y comprenant celui qui voyageait dans la malle. »

Avec ce chiffre *sept*, plus de gêne, plus de souci d'erreur ; Lesurques et Dubosc peuvent se rencontrer sur le même terrain, et voilà sauvé l'honneur des Tribunaux qui ont fait tomber sept têtes, pour le crime de cinq.

Qu'avons-nous rencontré jusqu'à présent dans le procès, qui puisse justifier un pareil système ?

Dans l'acte d'accusation de Melun, on se le rappelle, nous avons noté ces *deux autres personnes* qui descendirent chez Champeaux, demandèrent si la route de Melun était sûre et où était l'auberge de la Galère, qui partirent *peu avant l'arrivée du courrier*, et que Champeaux et sa femme croyaient reconnaître dans Bruer et Bernard. Dans la procédure de Versailles commune à Vidal et à Dubosc, nous avons encore entendu la dame Champeaux parler de ces deux survenus après le départ des quatre, qui demandèrent si la route était sûre, si l'on parlait de vols et d'assassinats, et qui, ayant demandé l'indication d'une bonne auberge à Melun, comme

Champeaux répondait qu'il « en avait indiqué une à quatre cavaliers, venus précédemment, dirent qu'ils allaient les rejoindre, quoique auparavant ils eussent dit qu'ils n'étaient pas de la même société. » Champeaux ajoutait que ce n'était qu'après le départ des deux, que l'un des quatre premiers était revenu chercher son sabre. Enfin, dans la seconde procédure relative à Dubosc, la dame Châtelain croyait avoir vu deux blonds, mais elle n'en était pas sûre.

Voilà, jusqu'à présent, les bases bien étroites de cette *certitude* de M. Zangiacomi, relativement au chiffre de sept assassins. Le directeur du jury, à Versailles, M. Delaistre, avait touché ce point ; mais il ne s'était cru autorisé qu'à élever un doute, et il avait dit dans son acte d'accusation : « On est généralement imbu de l'idée que les assassins du courrier de Lyon n'étaient qu'au nombre de cinq ; mais des renseignements, recueillis dans le cours de la procédure, prouvent qu'ils *pouvaient* être au nombre de sept. »

Pouvaient, dit le magistrat de Versailles ; *devaient*, dit M. Zangiacomi, qui lui emprunte cette hypothèse, jetée une seule fois dans toutes ces procédures, et qui la transforme en certitude. Voyons donc quelle valeur on peut accorder aux témoignages isolés qui ont servi de base à ce système.

La première déclaration de la dame Champeaux, du 9 floréal an IV, est ainsi conçue, d'après le procès-verbal du brigadier Huguet :

« Un de ces quidams est venu à huit heures et demie du soir pour venir chercher son sabre qu'il avait oublié derrière la porte de l'écurie, a fait manger un quart de son à son cheval, et pendant que son cheval mangeait, il est descendu dans le village, et dans ce moment le courrier des dépêches relayait. Ledit quidam revenu a demandé un coup d'eau-de-vie, et promptement que l'on aille brider son cheval aussitôt, et de suite est monté à cheval et est parti au grand galop du côté de Melun; et *au même instant*, la malle est partie dudit Lieursaint; et *au même moment* deux autres individus sont arrivés, ont fait donner à leurs chevaux du son et ont bu une bouteille de vin; ont demandé à ladite Champeaux si la route était bonne? à quoi elle a répondu qu'elle était bonne; ont demandé s'il y avait des bois? a répondu que non; ont demandé par quel endroit ils entreraient à Melun? a répondu en face de l'église de Saint-Aspais; ont demandé où était l'auberge de la Galère? a répondu au bas de la montagne, à gauche; ont demandé à quelle heure ils pourraient y arriver? a répondu sur les dix heures et demie du soir. Il était pour lors huit heures et demie lors de leur demande. »

Ici donc, quelques heures après l'assassinat, quand les souvenirs sont encore frais, la dame Champeaux fait arriver les deux après le départ du quatrième cavalier qui vint rechercher son sabre, après le départ de la malle. Ces deux hommes, qui font manger leurs chevaux, qui boivent, à l'heure où se commet le crime, ne sont pas évidemment du nombre des assassins. La dame Champeaux ne dit rien, ce jour-là, du propos des deux, parlant d'aller rejoindre les quatre.

Champeaux, déposant plus tard devant M. Daubanton, dit qu'après le départ des quatre, il en vint deux autres, sans aucun motif apparent de voyage. Sa première idée fut qu'ils étaient de la compagnie de ceux qui les avaient précédés. Ils répondirent que non, et demandèrent si l'on parlait sur la route de vols et d'assassinats. Champeaux dit qu'il en avait été récemment commis un, mais qu'heureusement les assassins avaient été arrêtés. Sur quoi ces deux particuliers, en se regardant, dirent par deux fois : « Voilà ce que c'est ! voilà ce que c'est ! » Ils demandèrent ensuite à Champeaux s'il reconnaîtrait bien, après quinze jours ou un mois, la physionomie de ceux qu'il venait de leur dire avoir passé à quatre heures chez lui. Après avoir passé chez Champeaux *tout au plus une demi-heure*, ils continuèrent leur route du côté de Melun, après avoir demandé une bonne auberge en cette ville, demande que les quatre autres avaient aussi faite. Sur quoi les deux hommes dirent : « Eh bien ! nous allons rejoindre les quatre citoyens dont vous parlez. »

Ainsi, les époux Champeaux ont vu les deux partir après, puis avant le courrier ; les paroles prononcées par ces deux ne leur ont semblé suspectes que plus tard ; comme les autres témoins, ils se sont incessamment contredits et trompés ; ils sont les seuls qui parlent de ces deux hommes, et la procédure n'en garde aucune autre trace; les rapports de gendarmerie ne les suivent pas ; les témoignages, les faits, l'acte d'accusation, les aveux des coupables, tout démontre l'existence de *cinq* assassins, tout exclut la possibilité de *sept*. Mais M. Zangiacomi a vu dans ce détail, insignifiant au procès, un moyen de jeter un doute sur l'innocence de Lesurques, et il s'en empare sans scrupule. Il va même jusqu'à ajouter ce fait entièrement faux que les deux derniers voyageurs étaient armés de pistolets : ceci est une invention pure, et le rapporteur n'a pas trouvé trace de ce détail dans les pièces du procès.

Il est regrettable d'avoir à le dire, mais le système des sept, qui ne supporte pas un moment l'examen, n'est pas même, chez M. Zangiacomi, le résultat d'une erreur de logique. On sent là le parti pris, il n'y croit pas. Ces deux cavaliers, gens timides et qui ne savent s'ils doivent s'aventurer sur la route, dont parlent deux témoins seulement, qui ne sont vus par aucun autre, qui ne rentrent pas à Paris avec les cinq assassins, dont cinq procédures et les aveux complets de trois des coupables ne font plus mention, sont une de ces rencontres heureuses dont un défenseur peut tirer parti; mais qu'un magistrat, chargé d'une mission sacrée, ait recours à de pareils moyens pour pallier une erreur de justice, cela est déplorable. D'ailleurs, pour pousser jusqu'à ses dernières conséquences le système des sept, il n'y a pas même là de quoi innocenter le jugement. Ils étaient sept, dites-vous : mais vous savez bien que les sept condamnés l'ont été comme faisant partie des cinq. Lesurques a toujours été désigné comme un des quatre premiers cavaliers; Dubosc a été reconnu par Chéron comme un des quatre premiers cavaliers, par la femme Alfroy, comme le vrai blond à l'éperon cassé.

Le reste du rapport vaut l'exorde. Les erreurs grossières, les préventions aveugles qui égarèrent MM. Mennessier et Gohier, s'y retrouvent. Lesurques est suspect; avant et depuis l'assassinat, il a eu des relations avec Richard, avec Courriol, avec « ce Guesno, d'abord mis en jugement et ensuite absous, » et qui, pour M. Zangiacomi, paraît être un homme fort heureux de l'avoir échappé si belle. M. Zangiacomi ne manque pas à reproduire le prétendu démenti fait à Lesurques par les autorités de Douai, relativement à sa fortune, et les assertions malveillantes sur sa moralité, sur sa position problématique à Paris. Il n'y attache « aucune importance; » mais cette mention perfide lui a permis de dire que la prévention déplorable élevée d'abord contre Lesurques par ses relations « ne fut pas détruite par les renseignements que l'on se procura sur sa moralité. »

Après avoir ainsi obscurci la question, avec une habileté de mauvais aloi, le rapporteur est à l'aise pour tirer parti du reste du procès. Il y déguise la vérité sans scrupule. « *Dix* témoins, dit-il, attestèrent *uniformément* avoir vu Lesurques avec les autres brigands. » Plus tard, le rapport réduit ce nombre à *huit*, par la disparition du témoin Charbault, par les incertitudes du témoin Alfroy. On connaît déjà la valeur d'une assertion semblable. *Sept* seulement attestèrent dans le premier procès, et l'autorité de leurs assertions fut singulièrement ébranlée par des contradictions nombreuses. Sur ces *sept*, un se rétracta plus tard; un autre, Charbault, n'avait pas paru aux audiences du Tribunal de Paris. Voilà donc les témoignages affirmatifs réduits à *cinq*, et le rapport convaincu, ou de mauvaise foi, ou de légèreté. Quant aux témoins de *l'alibi*, on peut prévoir que M. Zangiacomi va triompher sur l'incident Legrand; mais qu'il passe sous silence les autres témoins de *l'alibi*, qu'il réduise quinze témoignages au témoignage de Legrand, et qu'il détruise ce témoignage unique en l'accusant de fraude, voilà ce qui ne saurait se concevoir. Dans une note, il est vrai, le rapport parle de trois autres témoins; mais ceux-là se confondent, selon lui, avec Legrand, leurs dires n'ayant eu pour base que la fausse date du livre.

En cette même année 1822, plusieurs de ces témoins de *l'alibi* existaient encore. Le président Gohier n'était plus là pour leur imposer silence, et, à la demande des héritiers Lesurques, ils renouvelèrent leurs déclarations premières. Voici leurs lettres :

« Je soussigné, certifie que je suis prêt à renouveler la déposition que j'ai faite en mon âme et conscience, dans le procès de l'infortuné Lesurques;

d'où il résulte que je l'ai vu chez le sieur Legrand, le 8 floréal de l'an IV ; que ce jour-là même j'ai dîné chez lui avec MM. Hilaire Ledru, André Lesurques, cousin du mort, et toute sa famille.

« A Paris, ce 22 août 1822.

« *Signé* : ALDENHOF. »

« Je soussigné, répète ici avec plaisir mon témoignage à décharge dans l'affaire de l'infortuné Lesurques, pour valoir ce que de raison à sa malheureuse famille dans les démarches qu'elle a faites pour retrouver l'honneur et la fortune qui, suivant ma conviction intime, lui ont été ravis par la fatalité la plus extraordinaire.

« Je répète donc ce que j'ai dit devant le Tribunal et devant Dieu, que, le 8 floréal an IV, j'ai été rendre à Lesurques la première visite depuis qu'il était à Paris. Je n'y trouvai d'abord que son épouse et ses enfants. Elle ne voulut pas me laisser sortir sans que je visse son mari, qui, dit-elle, allait rentrer, et qui rentra, en effet, aussitôt après avec notre compatriote Aldenhof, qui tenait une cuiller dont il venait de faire l'acquisition.

« Tu dîneras avec nous, me dit Lesurques, ravi de voir un compatriote et un ami de plus. J'acceptai, et nous avons dîné gaiement en parlant le patois de notre pays. Après le dîner, nous fûmes nous promener, et nous rencontrâmes Guesno, autre compatriote, sur le boulevard des Italiens, vers six heures et demie du soir, qui remit à Lesurques deux mille francs en assignats, en buvant un verre de liqueur dans un café.

Nous retournâmes ensuite chez lui, du même pas, et sommes arrivés vers sept heures et demie. Je me retirais chez moi, lorsque Baudard, notre ami commun, entra et céda à l'invitation qui lui fut faite de rester à souper. Je les quittai en nous témoignant réciproquement le plaisir que nous avions eu à nous rencontrer, nous promettant bien de renouveler ce plaisir le plus tôt et le plus souvent possible. Voilà la vérité pure de ce que je sais, la main sur mon cœur.

« Aussi, la foudre tombant d'un ciel d'azur, sans nuages précurseurs, m'étonnerait cent fois moins que la nouvelle incroyable qui désignait comme assassin du courrier de Lyon un père de famille opulent, ami des sentiments et des plaisirs doux et calmes, Lesurques enfin, au cœur excellent, palpitant toujours devant l'infortune qu'il savait soulager.

« *Signé* : Hilaire Ledru,

« Artiste peintre, rue du Faubourg-Poisson-
« nière, n° 12.

« Paris, ce 23 août 1822. »

« Je soussigné, certifie que la déclaration que j'ai faite au Tribunal criminel, dans le malheureux procès de Lesurques, est l'expression de la plus incontestable vérité ; que je me suis trouvé avec cette malheureuse victime des erreurs de la justice le 8 floréal an IV ; que ce jour il m'a invité à dîner pour le lendemain 9, jour où j'étais de garde, et que cette déposition a été vérifiée par la représentation du livre de garde. Je serai toujours prêt à rendre hommage à la vérité et à maintenir la foi due à ma déclaration.

« A Paris, le 16 août.

« *Signé* : J. Baudard. »

« Je soussignée, déclare que je suis prête à re-
« nouveler devant Dieu et la justice la déposition
« que j'ai faite au Tribunal criminel de la Seine, dans
« le procès de l'infortuné Lesurques, et de laquelle
« il résulte que non-seulement j'ai vu cet infortuné
« le 8 floréal de l'an IV, mais qu'il m'était impos-
« sible de me tromper, parce que depuis plusieurs
« mois il n'était pas un jour que je ne le visse, tan-
« tôt dans la maison que j'habitais, tantôt chez l'é-
« pouse de M. Theriot, docteur en médecine; en foi
« de quoi j'ai signé. A Paris, le 22 octobre 1822.

« *Signé* : Clotilde d'Argence. »

Les témoignages portés en faveur de Lesurques par Courriol et par la Bréban devaient gêner le rapporteur. Il s'en débarrasse en disant, contre toute évidence, que la Bréban « n'avait aucune connaissance personnelle des faits. » Quant à Courriol, le rapporteur, pour détruire son témoignage, suppose qu'il a menti à la justice, en lui présentant Bernard et Richard comme innocents, au même degré que Lesurques. Si Durochat a couvert Lesurques par ses aveux, c'est le même homme qui, pour de l'argent, ne reconnaissait pas Dubosc. Si Roussy, dans son testament suprême, atteste qu'il ne connaissait pas Lesurques, M. Zangiacomi en conclut que Roussy n'a fait « aucune révélation » en faveur de Lesurques. D'ailleurs, doit-on aucun égard aux déclarations de scélérats, de condamnés? Si Vidal et Dubosc, au contraire, ne disent rien pour Lesurques, le rapport en triomphe, sans remarquer que ces deux hommes moururent en niant leur crime.

C'est après avoir accumulé tant d'erreurs et de partialité, que le rapport aborde la discussion légale.

M. Zangiacomi reconnaît que, sous l'ancienne législation criminelle, la révision des procès était de droit, même après la mort du condamné. Mais, depuis l'institution du jury, ce qui était possible avec une instruction écrite, ne l'est plus avec une instruction en grande partie orale. La conviction du jury se forme par des témoignages parlés, par des réponses dont l'accent ne saurait se reproduire : tout est là affaire d'impression. Le jury peut se tromper, pourtant. La loi l'a prévu, et a admis la révision, mais seulement au cas de condamnations inconciliables, ou rendues sur de faux témoignages. Alors même, il faut que le procès soit refait aux condamnés; s'ils sont morts, le procès est impossible. L'instruction ne serait qu'une vaine formalité. Si la contrariété entre les deux arrêts n'est pas évidente, la chose jugée reste inébranlable. Or, comme, pour le rapporteur, il n'y a aucune preuve certaine de l'innocence de Lesurques, la chose jugée reste dans sa force.

M. Zangiacomi pouvait s'arrêter là : il préfère finir par un sophisme. La révision, dit-il, peut-elle être demandée quand elle a été déjà faite? Or, le procès de Versailles, en l'an IX, ne fut pas autre chose qu'une révision. Assertion insoutenable : on se rappelle que le Tribunal criminel de Versailles, au début du procès Dubosc, commença par déclarer qu'il ne lui appartenait pas de prononcer sur l'innocence de Lesurques.

Le 22 juillet 1822, les comités de législation et du contentieux du conseil d'État consacrèrent, dans l'arrêt suivant, les erreurs et les doctrines de M. Zangiacomi.

« Considérant que, dans le système actuel de la législation criminelle, la conviction du jury se forme d'après les débats; que cette conviction est toute morale; que ses éléments ne sont pas de nature à être déterminés d'une manière précise, et par conséquent, que les décisions des jurés ne sont pas, en règle générale, susceptibles de révision;

« Que le Code d'instruction criminelle n'a établi que trois exceptions à ce principe fondamental de l'institution du jury:

« La première, dans le cas de deux condamnations inconciliables; la deuxième, dans le cas d'une condamnation rendue sur de faux témoignages (art. 443 et 445); mais que la révision autorisée dans ces circonstances ne peut avoir lieu que lorsque le procès peut être jugé de nouveau en connaissance de cause, et par conséquent, lorsque les condamnés existent et peuvent être remis en jugement; que Lesurques et Dubosc ont cessé de vivre; qu'il serait impossible de procéder contre eux ; qu'ainsi la loi s'oppose à la révision demandée ;

« Que par une troisième exception à la règle générale, la loi, prévoyant le cas d'un individu condamné pour homicide et justifié ensuite par la représentation de la personne précédemment tenue pour homicidée, permet, dans cette circonstance particulière, la révision, lors même que le condamné n'existe plus et ne peut être soumis à de nouveaux débats (art. 444 et 445) ;

« Que cette disposition, très-juste en soi, ne blesse aucun principe, parce qu'alors le corps du délit est complétement détruit, qu'il n'y a plus lieu à accusation ni à aucune discussion sur la culpabilité, que l'affaire est réduite à une simple question d'identité, au jugement de laquelle on peut procéder facilement hors la présence du condamné ;

« Qu'ainsi cette troisième exception est, dans le cas qu'elle spécifie, fondée sur la nature même des choses ; mais que l'on ne pourrait, sans de graves inconvénients, et sans altérer l'institution du jury, l'étendre à d'autres cas ;

« Considérant d'ailleurs, en fait, que les moyens de révision dont les pétitionnaires excipent, et qu'ils tirent, soit de la prétendue contrariété des arrêts rendus contre Lesurques et Dubosc, soit de l'erreur qu'ils imputent aux témoins et au jury, ne sont fondés sur aucun fait certain ni positif ; car si, d'une part, trois condamnés, et quelques personnes qui ont recueilli leurs dires, attestent que Lesurques était innocent et qu'il a été condamné pour Dubosc, d'autre part, le fait contraire est affirmé par huit témoins non reprochés et irréprochables, qui ont déposé contre lui en l'an IV, et ont, depuis sa condamnation, réitéré quatre fois leurs dépositions, la dernière fois en présence de Dubosc, dans les débats à la suite desquels il a été condamné ; que rien dans ces circonstances ne pourrait motiver, ni en droit ni en fait, la révision du procès de Lesurques,

« Sont d'avis,

« Que la demande de la femme et des enfants Lesurques ne peut être accueillie. »

Cet avis fut approuvé, le 30 juillet, par M. le Garde des sceaux.

C'était un grave incident que ce rapport de M. Zangiacomi ; heureusement, au moment même où M. Salgues préparait une vigoureuse réponse (*Réfutation du Rapport de M. le baron Zangiacomi*, etc., Paris, Dentu, 1823), il apprit qu'un autre rapport officiel, dont M. Zangiacomi s'était bien gardé de parler, avait abouti à des conclusions diamétralement contraires. En 1821, M. Doué d'Arc, Procureur du Roi près la Cour de Versailles, avait été, lui aussi, chargé de donner son opinion sur l'affaire Lesurques. Ce magistrat, que rien ne liait au passé, ni souvenirs, ni amitiés, ni préventions, avait, en dehors de toute influence, sans même entendre les représentants de la famille Lesurques, examiné les pièces du procès. Il en ressortit pour lui, que Lesurques avait *vainement établi* son *alibi* devant les juges de Paris; que, des témoins à charge qu[i] avaient reconnu Lesurques avec assurance, un s'était rétracté, un seul avait persisté dans son affirmation; que, « la présomption ainsi réduite à un bien léger adminicule, si l'essai de la perruque eût pu se faire au Tribunal de Paris, nul doute que Lesurques n'eût pas été condamné. » La conclusion du Rapport est celle-ci : « J'ai obtenu la douloureuse *conviction* que Lesurques a péri *victime d'une fatale erreur*. »

L'opinion publique se prononçait de plus en plus, et la voix de quelques rares contradicteurs se perdait dans le cri général des consciences. Mais, en attendant que pût être brisé l'obstacle juridique élevé devant la réhabilitation, une première réparation était due à la malheureuse famille. En tout état de cause, nous l'avons prouvé, une spoliation indigne avait été exercée contre elle. Que le jugement de l'an IV fût ou non effacé, rien ne justifiait l'arbitraire détention des biens du condamné. Pour la première fois, après vingt-cinq ans de silence, la famille Lesurques tourna de ce côté ses réclamations. Ce fut d'abord sous la forme timide d'une demande de secours provisoires, jointe à la pétition de 1821. Le 22 mars 1822, M. le baron Capelle annonça à madame Lesurques, que le ministre de l'intérieur lui accordait un secours de trois mille francs. Il ajoutait : « Il faut espérer que la juste sollicitude qu'inspire le déplorable *événement* dont votre mari fut *victime* avisera par d'autres voies à une réparation plus conforme à l'étendue de vos malheurs. »

C'était quelque chose, mais ce quelque chose était une aumône ; la famille Lesurques avait droit à une restitution, elle fit parler son droit.

En 1823, les héritiers Lesurques adressèrent au ministre des finances une demande à fin d'annulation du séquestre établi sur la totalité de leurs biens, dans l'idée d'une confiscation hypothétique, et la restitution de toutes valeurs en capital et intérêts. Le ministre dut reconnaître qu'en effet, il y avait eu erreur dans le fait de séquestre pour confiscation, et il admit le principe de restitution après liquidation, avec cette seule restriction, que, sur le total de la liquidation, il y aurait à retenir les 75,000 fr. de réparations civiles. En conséquence, le 2 juillet 1823, le ministre rendit la décision suivante :

« Considérant que l'arrêt n'avait pas ordonné et n'avait pu ordonner la confiscation des biens ; que l'Etat n'avait d'action sur les biens que pour le remboursement des sommes volées ; qu'il n'avait eu le droit de vendre les biens que jusqu'à concurrence des sommes restant dues au Trésor, en vertu de l'arrêt ; considérant... (qu'il n'y a pas eu de déchéance encourue) : le ministre ordonne à l'administration du domaine d'établir et de présenter le compte du produit des biens de Lesurques depuis l'an IX inclusivement, et d'établir également le compte des sommes dues au trésor pour dommages-intérêts, en conformité de l'arrêt, etc. »

La liquidation fut réglée et adoptée le 31 décembre 1823. Les retenues pour réparations civiles étant défalquées, le Domaine se reconnut débiteur de 224,815 francs. La veuve et les enfants de Lesurques reçurent cette somme, mais seulement par voie d'à-compte, et en protestant qu'il leur était fait tort de plus de moitié.

Mais la famille Lesurques n'en avait pas fini avec les malheurs et les luttes. A peine venait de commencer pour elle cette réparation encore bien insuffisante, qu'un nouveau danger la menaça. Un jour, un sieur Coutt, se disant intendant d'une dame de Bussy, femme divorcée de M. de Folleville, vint trouver Mme veuve Lesurques, et, après lui avoir déclaré que l'intention de sa maîtresse était de répéter, comme lui appartenant, le produit du plus important des immeubles autrefois séquestrés, lui fit entendre que, si on refusait un arrangement, on pourrait s'attirer la publication de certains actes, dont la révélation nuirait à la réhabilitation de Lesurques. M. Salgues, indigné, mit cet homme à la porte.

Cette insinuation paraissait ne devoir pas être suivie d'effet, quand, en 1826, on apprit tout à coup que, feignant d'ignorer le domicile de Mme veuve Lesurques, Mme de Folleville l'avait assignée au parquet, avait pris jugement sur requête, et avait obtenu l'autorisation de mettre opposition sur l'indemnité légitime au profit des héritiers Lesurques. Mme de Folleville avait produit des billets souscrits par

Lesurques, et la copie notariée d'un acte sous-seing privé signé Lesurques, en date du 22 mai 1792, déclarant qu'elle, dame de Folleville, était propriétaire de la ferme du Férein, achetée précédemment au nom de Lesurques.

Un procès s'engagea sur la validité de l'opposition. Le Tribunal repoussa, en vertu de la prescription, les prétentions de Mme de Folleville au payement des billets, montant à la somme de 67,000 fr., ainsi qu'à une reddition de compte pour les fermages touchés; mais, en présence de l'acte du 22 mai, il reconnut que Mme de Folleville avait été légitimement propriétaire du Férein, et admit en conséquence son droit à frapper d'opposition les inscriptions délivrées à la famille Lesurques à titre d'indemnité.

Ce coup inattendu étourdit la malheureuse famille. Heureusement, elle ne s'abandonna pas, et, sûre de son droit, chercha des armes pour se défendre. C'était en 1828. Les héritiers Lesurques avaient alors pour conseil et pour défenseur, M. Louis Méquillet, ami dévoué et désintéressé de la famille. M. Méquillet partit pour aller chercher, à Valenciennes, chez M. Baudard, le témoin à décharge du 8 floréal, et, à Douai, auprès des anciens compatriotes et amis de Lesurques, des preuves contre les assertions de Mme de Folleville. En passant à Péronne, comme il venait de prendre place à la table d'hôte à côté du maître de l'hôtel, M. Méquillet eut l'idée de parler à cet homme de Mme de Folleville, alors établie dans ce pays, et l'une des plus riches propriétaires de la contrée. — « Vous avez maille à partir avec la Folleville, lui dit le maître d'hôtel; ah! je vous plains; vous ne serez pas de force. Cette femme-là sait tout faire, hors le bien. Tenez, elle avait dernièrement un procès avec un maître de poste, à qui elle réclamait une somme énorme. Le pauvre homme, à bout de voies, confondu par un titre fourni contre lui à l'improviste, tendait déjà la gorge et proposait 200,000 fr. par transaction, quand, tout en plaidant, son avocat est frappé d'une identité si parfaite entre la signature du titre opposé et une autre signature de son client, qu'il soupçonne une fraude et demande la suspension. On examine, on compare les signatures, et dans l'intervalle, la Folleville, à qui on offrait tout à l'heure 200,000 francs, en offre elle-même 100,000, si on veut laisser là l'affaire. Mais le procureur du roi est curieux, et il s'est mis à poursuivre l'intendant de la dame, un certain Coutt, qu'il suppose un peu trop habile dans l'art de calquer. »

Cette petite histoire de table d'hôte fut un trait de lumière pour M. Méquillet. Il se fit indiquer l'adresse de l'avocat du maître de poste : c'était Mᵉ Cocquart. Au premier mot, Mᵉ Cocquart comprit : — « Comment, dit-il, pas un de vous, intéressés ou défenseur, n'a eu l'idée de vérifier l'original de l'acte du 22 mai. C'est là qu'est le lièvre. Il est déposé chez Allard, mon ami, notaire à Amiens. Allons voir cela ensemble. »

L'original fut exhumé des flancs d'un carton poudreux : à première vue, l'altération sautait aux yeux. Une teinte jaune et des taches nombreuses répandues sur le papier, indiquaient qu'on l'avait soumis à l'action d'un acide. La feuille, sur laquelle l'acte de dépôt avait été écrit, et qui servait de chemise à la pièce, avait été elle-même largement maculée.

Armé d'un fac-similé de cette pièce, M. Méquillet revint en hâte à Paris, et la famille s'inscrivit en faux contre l'acte du 22 mai. Le 9 février 1829, *M° Mérilhou* plaida pour les héritiers Lesurques. Il exposa que le Férein avait été acheté par Lesurques, le 19 janvier 1792, pour la somme de 180,000 francs. Cette acquisition avait été faite sans aucune réserve de command, tandis que les autres acquisitions faites par Lesurques pour Mme de Folleville ou pour d'autres, portaient toujours réserve de déclaration de command. Lesurques avait payé seul le prix de cette acquisition, ainsi que le prouvaient les registres du district de Douai. Il avait revendu un tiers de cette propriété, au prix de 188,000 francs. Mme de Folleville, propriétaire, dans le Berry, de dîmes inféodées déclarées rachetables par les lois de l'époque, et qui en plaçait le prix en acquisitions de biens nationaux, était en compte courant avec Lesurques, son mandataire pour ces acquisitions. En mai 1792, elle désira devenir propriétaire du Férein, et c'est alors qu'intervint l'acte plus tard allégué. Mme de Folleville comptait, pour payer cette terre, sur le remboursement de ses dîmes et sur une créance due par le gouvernement à M. de Bussy, ancien gouverneur des Indes, dont elle était l'héritière. Mais le Gouvernement français refusa d'acquitter la créance, et une loi déclara les dîmes inféodées supprimées sans indemnité. En 1794, Mme de Folleville fut incarcérée comme femme d'émigré. A ce moment, elle se trouvait débitrice envers Lesurques, et, en 1795, elle lui fit passer, par Coutt, un à-compte de 10,000 francs. Il est probable qu'il y eut alors un règlement de compte, par suite duquel Mme de Folleville remit l'acte du 22 mai à Lesurques, qui, de son côté, lui signait des billets payés depuis.

Si Lesurques n'avait pas été légitimement et absolument propriétaire du Férein, ajoutait Me Mérilhou, comment eût-il continué à toucher ses loyers, à renouveler ses baux, à revendre publiquement par parties, seul connu des fermiers, exerçant tous les droits de propriétaire, sans une seule réclamation?

Mais comment l'acte du 22 mai, annulé par Mme de Folleville, était-il retombé entre ses mains? Le voici. Après la condamnation de Lesurques, un émissaire de Mme de Folleville, un certain Lemoine, ancien conseiller à la cour des aides, était venu trouver Mme Lesurques, et lui avait persuadé que, pour éviter une confiscation, elle devait remettre ès-mains de Mme de Folleville tous ses titres et actes. Ainsi nantie de l'acte du 22 mai, Mme de Folleville ne fit aucune démarche pour sauver les biens du séquestre, tandis que la veuve réclamait publiquement devant le tribunal d'Amiens. En 1803, l'acte, déjà altéré, était déposé chez un notaire : Mme de Folleville en leva une expédition, qu'elle présenta au préfet du département du Nord, demandant à être mise en possession du Férein. Le Domaine intervint, et, avant même que le préfet n'eût statué, Mme de Folleville retira sa demande. En 1810, quand le Férein fut incorporé aux biens de la sénatorerie, puis vendu, Mme de Folleville ne fit entendre aucune réclamation. Ce silence était significatif. Et aujourd'hui, c'était en s'appuyant sur une pièce évidemment altérée, qu'on cherchait à enlever à une malheureuse famille le bénéfice d'une tardive réparation !

Me *Mauguin*, plaidant pour Mme de Folleville, prétendit que Lesurques n'avait jamais rien acheté pour son compte ; que ce qui prouvait que l'acquisition du Férein avait été faite, comme les autres, pour le compte de Mme de Folleville, c'est que ce n'était que le 26 mai 1792, c'est-à-dire quatre jours après la signature de l'acte translatif de propriété, que Lesurques avait pu payer le premier douzième du prix d'achat. Mme de Folleville une fois arrêtée, Lesurques, libre de tout contrôle, avait fait indûment acte de propriétaire. Si, à sa sortie de prison, Mme de Folleville n'avait pas réclamé contre cette gestion infidèle, c'est qu'elle l'ignorait. Bien plus, sur l'assertion de Lesurques qu'il se trouvait en avance avec elle, elle lui avait remboursé 10,000 fr. avant tout compte. La vérité une fois reconnue, elle avait forcé Lesurques avouer qu'il n'était pas son créancier, mais son débiteur, et à lui signer pour 67,000 francs de billets. Comme elle insistait pour faire réaliser le command, « Lesurques la menaça de la dénoncer, et de la faire incarcérer de nouveau. » Mme de Folleville se tut. Les billets furent protestés ; elle les paya. Si, après la mort de Lesurques, Mme de Folleville n'avait réclamé que timidement, c'est qu'elle était couchée sur la liste des émigrés. Quant aux taches, qui portaient les héritiers Lesurques à arguer de faux l'acte du 22 mai, Me Mauguin les attribuait à des infiltrations ammoniacales, cette pièce ayant été cachée longtemps derrière une boiserie, le long de laquelle passait un tuyau de fosse d'aisance.

Malgré l'invraisemblance de ces explications, la Cour royale se trouvait en présence d'un acte dont rien ne démontrait la fausseté. *M. Jaubert*, avocat-général, admit le système de Mme de Folleville, et expliqua son long silence par cette raison « qu'elle n'avait pas voulu, en reprochant à Lesurques un abus de confiance, rendre plus probable l'accusation terrible portée contre lui... En voulant s'approprier ce qui ne leur appartient pas, en accusant de faux Mme de Folleville, *dont la vie tout entière est digne d'estime*, les héritiers Lesurques ont diminué l'intérêt qu'avaient répandu sur eux les malheurs de leur auteur. »

C'est sur ces conclusions flétrissantes, que, le 17 février 1829, la Cour royale, considérant que les héritiers Lesurques ne pouvaient prouver qu'il eût existé, au bas de l'acte, une quittance ou un arrêté de compte; que toutes les circonstances de la cause rendaient leur allégation invraisemblable, les déclara non recevables en leur inscription de faux, et ordonna qu'il fût plaidé au fond sur l'appel contre le jugement relatif à la validité d'opposition.

En désespoir de cause, la famille Lesurques fit appel à la chimie. M. Haussmann, industriel éminent, qui commençait alors à pratiquer en grand le blanchiment des toiles par le chlore; M. d'Arcet, le savant directeur de la Monnaie de Paris; M. Thenard, l'illustre chimiste, virent l'acte argué de faux, soupçonnèrent l'emploi de l'acide nitrique et du chlore, et attestèrent, dans un certificat revêtu de leurs signatures, que la chimie offrait des moyens de faire revivre les caractères disparus, s'il en avait existé.

Le 4 mai, les héritiers Lesurques revenaient devant la Cour royale. Ils demandèrent qu'avant faire droit, la Cour ordonnât la vérification du faux par une expertise de chimistes. La Cour commit à cet effet MM. Gay-Lussac, Chevreul et Chevallier. Après de nombreux essais, les trois savants virent enfin apparaître des lettres et jusqu'à des mots entiers d'une écriture différente de celle qui formait le corps de l'acte; ils déclarèrent d'un commun accord que « les moyens employés pour faire disparaître la première écriture avaient sans doute déterminé les altérations qu'on remarquait dans le papier. »

Dès lors, la présomption de dol et de fraude était suffisamment établie. Mais le faux ne pouvait être matériellement prouvé; M° *Mauguin* baissa d'un

ton ; il ne dit plus, comme au premier procès :
« Vous étiez des *assassins,* vous voulez devenir des
spoliateurs. » Il se contenta d'invoquer le bénéfice
du doute. Les mots reparus étaient peut-être dans
la pâte du papier ; un hasard pouvait avoir maculé
la pièce.

M⁰ *Mérilhou* n'eut pas de peine à triompher de
pareilles arguties.

Mieux éclairé cette fois, le ministère public ne se
porta plus fort, comme l'avait fait un peu légèrement M. l'avocat général Jaubert, pour l'honorabilité de Mme de Folleville. L'avocat général, cette
fois, était *M. de Vaufreland;* il reconnut que le faux
n'était pas suffisamment prouvé ; mais, à ses yeux,
l'acte, considéré en lui-même, n'avait pas le caractère translatif de propriété : ce n'était pas une donation, ce n'était pas une vente, ce n'était pas une
déclaration de command. Les payements du terrain
avaient tous été faits au nom de Lesurques, et Mme de
Folleville ne justifiait pas qu'ils eussent été faits de
ses deniers. L'acte du 22 mai avait été sans doute
une simple garantie donnée à l'occasion d'un prêt,
et qui ne devait préjudicier en rien à la propriété de
Lesurques. Mme de Folleville n'avait pas réclamé
contre Lesurques faisant publiquement acte de propriétaire : c'était par crainte d'une dénonciation,
disait-on ; mais quand on redoute les gens, on
ne leur fait pas rendre des comptes, signer des
billets. Le ministère public conclut que l'acte devait être considéré comme nul, incomplet, irré-

gulier, et d'ailleurs, en sa teneur présente, impuissant à former titre de propriété : il ajouta que l'injuste répétition de Mme de Folleville avait « ajourné la réparation d'un malheur ennobli par la persévérance des enfants de Lesurques à défendre la mémoire de leur père. »

La Cour, sur ces conclusions, infirma, le 24 février 1830, les arrêts précédents, et ordonna la délivrance des inscriptions aux héritiers Lesurques. Ainsi était effacée la nouvelle et injuste flétrissure qu'un jugement avait attachée à ce nom fatal à la justice.

Le 25 mai 1833, la veuve et les enfants de Lesurques s'adressèrent encore aux Chambres législatives, réclamant à la fois et l'honneur et la réparation pécuniaire. A la Chambre des députés, M. Merlin (de l'Aveyron), rapporteur de la commission des pétitions, conclut que « quand la notoriété et l'évidence constatent l'erreur de la condamnation, quand l'innocent a péri, sa mémoire, sa fortune, son honneur ne devraient pas avoir péri avec lui. Le Rapport, qui proposait le renvoi au Garde des sceaux, au Ministre des finances, et le dépôt au bureau des renseignements, fut chaleureusement appuyé par MM. Fulchiron, de Salverte, de Laborde et Debelleyme. Ce dernier, c'était l'éminent et respectable président du tribunal de la Seine, avait, comme avocat, signé en 1809, le Mémoire à l'Empereur. Depuis, comme procureur du roi à Versailles, il avait examiné avec attention toutes les pièces du procès, et sa conviction de l'innocence de Lesurques était devenue inébranlable. Les conclusions du Rapport furent adoptées par la Chambre. Le 10 mai 1834, nouvel appel à la Chambre des députés, qui, par l'organe de son rapporteur, M. Poulle (du Var), fit aux héritiers Lesurques une réponse semblable.

M. Emmanuel Poulle s'exprimait en ces termes sur la question de révision :

« Combien n'est-il pas pénible pour des législateurs d'être obligés de convenir qu'il existe des cas où une erreur judiciaire, commise à la face du pays, ne peut pas être réparée à cause de l'insuffisance de notre législation !

« C'est cette lacune que la veuve et les enfants de Lesurques vous demandent de combler.

« Croira-t-on en effet que, dans le pays de l'Europe qui se vante d'être à la tête de la civilisation, il n'existe aucune loi pour rendre à l'honneur et au respect des vivants la mémoire d'un citoyen que le glaive des lois a injustement frappé ? »

Cependant, en présence des obstacles sans cesse renaissants qui s'opposaient à la réhabilitation, la famille Lesurques poursuivait énergiquement la réparation pécuniaire. Le 22 avril 1833, elle réclamait, pour cause d'erreur et d'omission, contre la liquidation de 1823, laissant toujours en dehors les 75,000 francs de réparations civiles. M. le ministre des finances fit offre de 15,821 francs pour erreur reconnue. La famille accepta, toujours par voie d'à-compte.

Enfin, le 19 septembre 1834, le ministre des finances rendait une décision qui, pour erreur reconnue dans la liquidation de 1823, accordait à la veuve et aux enfants Lesurques une somme de 252,100 francs. Le ministre exigeait que la famille, en acceptant cette liquidation, se reconnût complétement remboursée et indemnisée de l'indue vente de ses biens; elle le fit, mais en réservant toujours tous droits et actions pour la somme dont le Trésor s'était couvert pour les réparations civiles.

Ce ne fut que le 22 février 1838 que la liquidation fut approuvée par ordonnance royale.

De ce côté, la famille de Lesurques se déclarait pleinement satisfaite. Mais il y avait encore sous le séquestre une somme de 75,000 fr. environ, due au domaine pour vol commis à son préjudice, lors de l'assassinat du courrier de Lyon. Sur ce point, le domaine avait un titre apparent dans le jugement du 18 thermidor an IV. La famille réclama la restitution de ces 75,000 fr., dans un *Mémoire* présenté à M. le ministre des finances en 1844.

Ce *Mémoire*, signé Crémieux, J.-B. Sirey, et Jules Carle, était dû à la plume du grand arrêtiste Sirey, qui déjà, en 1796, lorsqu'il était chef de bureau au ministère de la justice, avait fait le rapport, approuvé par M. Merlin de Douai, qui concluait au sursis à l'exécution de Lesurques. Le *Mémoire pour les enfants Lesurques*, Paris, 1844, imprimé par Detrie-Tomson, est au nom de Mélanie et de Virginie Lesurques, seuls descendants directs de Lesurques alors existants, avec Clara et Charles-Auguste Danjou, ses petits-enfants.

Jusqu'alors, la famille de Lesurques avait laissé en suspens cette réclamation, dans l'espérance qu'une loi interprétative, corrigeant enfin les défauts de notre législation criminelle, autoriserait la révision pour réhabilitation d'un condamné mort depuis sa condamnation. En 1843, cette espérance avait été trompée si longtemps, qu'il n'était plus possible de s'y attacher. « Aujourd'hui, disait le *Mémoire,* nous devons avoir foi dans la législation existante, interprétée par la Cour suprême; nous devons, par tous les moyens, tendre à la révision du jugement du 18 thermidor an IV. D'intérêts pécuniaires et d'honneur de famille, il est temps d'en finir. Et notre dernière lutte doit commencer auprès de vous, M. le ministre. Nous vous redemandons les 75,000 fr. illégalement séquestrés, parce que votre sagesse provoquera nécessairement l'appréciation des cinq condamnations contraires, et singulièrement la révision des quatre jugements de l'an V, de l'an VI, de l'an IX et de l'an XII... »

De tout l'historique des faits et des répétitions exercées par la famille Lesurques (1), le *Mémoire* faisait ressortir la nécessité, pour les héritiers de Lesurques, d'éclairer définitivement leur position,

---

(1) Nous ne trouvons qu'une erreur dans cet exposé très-clair, très-complet, bien que succinct, c'est cette erreur, partagée par beaucoup de personnes, qui consiste à affirmer que, lors du procès

et d'obtenir une dernière décision, telle que la comportait la législation présente. Elle réclamait en outre, de M. le ministre des finances, une décision contentieuse, relativement aux 75,000 fr. de réparations civiles.

L'arrêt du 18 thermidor an IV, sur lequel s'appuyait la rétention de cette somme, est, disait le *Mémoire*, sans efficacité, attendu son inconciliabilité, relativement à l'innocence, avec les quatre arrêts subséquents. Des arrêts semblables, condamnant, pour un même fait commis par un nombre d'individus déterminé, un nombre d'individus plus considérable, ont été souvent cassés par la Cour suprême, pour cause de contrariété vérifiée dans les actes d'accusation.

Ainsi, la dernière réclamation des héritiers de Lesurques ne demande plus la révision *pour innocence*, ni même la révision *pour erreur de personne*, mais bien la révision *pour contrariété*. Il y a eu *sept* condamnations, là où il n'y avait eu d'abord que *cinq*, puis *six* accusations. Le moyen de contrariété est pris encore de ce que cinq condamnations *inconciliables* existent en matière de réparations civiles, puisque cinq personnes sont condamnées *chacune pour le tout, à raison des mêmes faits,* sans aucune

---

Dubosc « *la plupart* des témoins qui avaient cru reconnaît e Lesurques sur le théâtre du crime, se rétractèrent, et reconnurent que ce n'était pas Lesurques, mais bien Dubosc qu'ils avaient vu. » *Un seul,* on le sait se rétracta ; les autres hésitèrent ; un seul persista.

espèce de recours des cinq condamnés les uns envers les autres.(*Voyez* le libellé des cinq jugements.)

Le *Mémoire* de 1844 est purement financier quant à son but ; mais, comme l'éminent arrêtiste en convient de très-bonne grâce, il est écrit à toutes fins, en vue de la révision, à l'adresse du conseil d'État et de la Cour de cassation. Nous ne le suivrons pas dans sa discussion relative à la révision.

En 1851, Virginie Lesurques, et les petits enfants du condamné de l'an IV, Clara et Charles-Auguste Danjou, adressèrent à l'Assemblée législative une pétition nouvelle, réclamant la réparation encore attendue après cinquante-cinq ans. La commission nommée fit sur cette pétition, par l'organe de M. Laboulie, le 25 janvier 1851, un rapport que l'on peut considérer comme un des travaux les plus remarquables qu'ait produits cette malheureuse affaire. M. Laboulie regarde l'innocence de Lesurques comme un fait incontestable, et que n'a pu atteindre une seule contradiction grave, celle de M. Zangiacomi. Ce n'est pas assez, dit M. Laboulie, de proclamer cette innocence, il faut réhabiliter Lesurques ou l'arrêt qui l'a condamné. Mais qui pourra le faire? L'Assemblée nationale, grand jury, pouvoir législatif, seul compétent quand il s'agit de faire une loi. Sera-ce un empiétement sur les attributions du pouvoir judiciaire? Mais ce pouvoir s'arrête là où manque la loi.

Sur ce rapport, l'Assemblée nomma une Commission de quinze membres, chargée de revoir le procès de Lesurques et de proposer, s'il y avait lieu, toutes les mesures de réparation qu'elle jugerait convenables.

Enfin, le 19 mars 1851, sur un rapport de M. Canet, l'Assemblée législative prenait en considération une proposition tendant à la modification de l'art. 443 du Code d'instruction criminelle. Cette proposition était due à l'honorable initiative de MM. de Riancey et Favreau.

Au même moment, M. Bertin, avocat à la Cour d'appel de Paris, réunissait en un volume intitulé *Historique et révision du procès Lesurques*, des études publiées en 1843 dans le journal *le Droit*. On y trouve, à côté de quelques erreurs de fait et d'un récit un peu maigre, de bonnes réflexions sur la question de la révision. C'est dans cet ouvrage que nous avons puisé la lettre de M. Jarry.

Demander ce que devint la proposition de MM. de Riancey et Favreau, c'est demander ce que devint l'Assemblée législative elle-même. Jusqu'en 1859, la famille Lesurques garda de nouveau le silence : mais la mort de M. Danjou, qui laissait cinq enfants dans une gêne voisine de la misère, appela de nouveau l'attention sur ces trop longs malheurs.

L'histoire de ce procès Lesurques montre qu'il y a quelque chose de plus difficile que de commettre l'injustice, c'est de la réparer.

FIN.

EXTRAIT DU CATALOGUE

DE LA LIBRAIRIE

GARNIER FRÈRES

6, rue des Saints-Pères, et Palais-Royal, 215.

DICTIONNAIRE NATIONAL

OUVRAGE ENTIÈREMENT TERMINÉ.

Monument élevé à la gloire de la Langue et des Lettres françaises.

Ce grand Dictionnaire classique de la Langue française contient, pour la première fois, outre les mots mis en circulation par la presse, et qui sont devenus une des propriétés de la parole, les noms de tous les Peuples anciens, modernes ; de tous les Souverains de chaque Etat ; des Institutions politiques ; des Assemblées délibérantes ; des Ordres monastiques, militaires ; des Sectes religieuses, politiques, philosophiques ; des grands Evénements historiques : Guerres, Batailles, Siéges, Journées mémorables, Conspirations, Traités de paix, Conciles ; des Titres, Dignités, Fonctions, des Hommes ou Femmes célèbres en tout genre ; des Personnages historiques de tous les pays et de tous les temps : Saints, Martyrs, Savants, Artistes, Ecrivains ; des Divinités, Héros et Personnages fabuleux de tous les Peuples ; des Religions et Cultes divers, Fêtes, Jeux, Cérémonies publiques, Mystères, Livres sacrés ; enfin la Nomenclature de tous les Chefs-lieux, Arrondissements, Cantons, Villes, Fleuves, Rivières, Montagnes et Curiosités naturelles de la France et de l'Etranger ; avec les Etymologies grecques, latines, arabes, celtiques, germaniques, etc., etc.

Cet ouvrage classique est rédigé sur un plan entièrement neuf, plus exact et plus complet que tous les dictionnaires qui existent, et dans lequel toutes les définitions, toutes les acceptions des mots et les nuances infinies qu'ils ont reçues du bon goût et de l'usage sont justifiées par plus de quinze cent mille exemples choisis, fidèlement extraits de tous les écrivains, moralistes et poëtes, philosophes et historiens, politiques et savants, conteurs et romanciers, dont l'autorité est généralement reconnue ; par M. BESCHERELLE AÎNÉ, principal auteur de la *Grammaire nationale*. Deux magnifiques volumes in-4° de 3,400 pages, à 4 colonnes, lettres ornées, etc., imprimés en caractères neufs et très-lisibles, sur papier grand raisin, glacé et satiné, contenant la matière de plus de 300 volumes in-8. — Prix : 50 fr.; demi-rel. chag., 60 fr.

PETIT DICTIONNAIRE NATIONAL

Contenant la définition très-claire et très-exacte de tous les mots de la langue usuelle, l'explication la plus simple des termes scientifiques et techniques, la prononciation figurée dans tous les cas douteux et difficiles, etc., etc., à l'usage de la jeunesse et de tous ceux qui ont besoin de renseignements prompts et précis sur la langue française ; par BESCHERELLE aîné, auteur du grand *Dictionnaire national*, etc. 1 vol. grand in-32 jésus, 2 fr. 25 c.
Relié en percaline à l'anglaise. . . . . 3 fr. »

GRAMMAIRE NATIONALE

Ou Grammaire de Voltaire, de Racine, de Bossuet, de Fénelon, de J.-J. Rousseau, de Bernardin de Saint-Pierre, de Chateaubriand, de Casimir Delavigne, et de tous les écrivains les plus distingués de la France ; par MM. BESCHERELLE FRÈRES et LITAIS DE GAUX. 1 fort vol. grand in-8, 12 fr.; net, 9 fr.
Complément indispensable du *Dictionnaire national*.

DICTIONNAIRE USUEL DE TOUS LES VERBES FRANÇAIS

Tant réguliers qu'irréguliers, entièrement conjugués, par BESCHERELLE FRÈRES. 2 vol. in-8 à 2 col., 15 fr.; net, 12 fr.

Ce livre est indispensable à tous les écrivains et à toutes les personnes qui s'occupent de la langue française, car le verbe est le mot qui, dans le discours, joue le plus grand rôle ; il entre dans toutes les propositions, pour être le lien de nos pensées et y répandre la clarté et la vie ; aussi les Latins lui avaient donné le nom de *verbum* pour exprimer qu'il est le mot nécessaire, le mot par excellence. Mais le verbe doit être rangé dans la classe des parties du discours que les grammairiens appellent *variables*. Aucune, en effet, n'a subi des modifications aussi nombreuses et aussi variées. La conjugaison des verbes est sans contredit ce qu'il y a de plus difficile dans notre langue, puisqu'on y compte plus de trois cents verbes irréguliers. A l'aide de ce dictionnaire, tous les doutes sont levés, toutes les difficultés vaincues.

LE VÉRITABLE MANUEL DES CONJUGAISONS

Ou Dictionnaire des 8,000 verbes, par BESCHERELLE FRÈRES. Troisième édition. 1 vol. in-18, 3 fr. 75 c.

GRAND DICTIONNAIRE ESPAGNOL-FRANÇAIS ET FRANÇAIS-ESPAGNOL

Avec la prononciation dans les deux langues, plus exact et plus complet que tous ceux qui ont paru jusqu'à ce jour, rédigé d'après les matériaux réunis, par D. VICENTE SALVA, et les meilleurs dictionnaires anciens et modernes, par F. DE P. NORIEGA ET GUIM. 1 fort volume grand in-8 jésus d'environ 1,600 pages, à 3 colonnes. Prix : 18 fr.

NOUVEAU DICTIONNAIRE DE POCHE FRANÇAIS-ESPAGNOL ET ESPAGNOL-FRANÇAIS

Avec la prononciation dans les deux langues, rédigé d'après les matériaux réunis par D. Vicente Salva, et les meilleurs dictionnaires parus jusqu'à ce jour. 1 fort vol. grand in-32, format dit Cazin, d'environ 1,100 pages. Prix : 5 fr.

GUIDES POLYGLOTTES, MANUELS DE LA CONVERSATION ET DU STYLE ÉPISTOLAIRE

A l'usage des voyageurs et de la jeunesse des écoles, par MM. Clifton, Vitali, docteur Ebeling, Carolino Duarte et Corona Bustamante. Grand in-32, format dit Cazin, papier satiné. Prix : 2 fr. le vol.

FRANÇAIS-ANGLAIS. 1 vol. in-32.
FRANÇAIS-ITALIEN. 1 vol. in-32.
FRANÇAIS-ALLEMAND. 1 vol. in-32.
FRANÇAIS-ESPAGNOL. 1 vol. in-32.
FRANÇAIS-PORTUGAIS. 1 vol. in-32.
ENGLISH AND FRENCH. 1 vol. in-32.
ESPANOL-FRANCÉS. 1 vol. in-32.
ENGLISH AND PORTUGUESE. 1 vol. in-32.
ENGLISH AND GERMANY. 1 vol. in-32.
ESPANOL-INGLÉS. 1 vol. in-32.
ESPANOL-ITALIANO. 1 vol. in-32.
ESPANOL-FRANCÉS-INGLÉS-ITALIANO. 1 vol. in-32.
PORTUGUEZ-FRANCEZ. 1 vol. in-32.
PORTUGUEZ-INGLEZ. 1 vol. in-32.

GRAND DICTIONNAIRE ITALIEN-FRANÇAIS ET FRANÇAIS-ITALIEN

Par Barberi, continué et terminé par Basti et Cerati. 2 gros vol. in-4, 45 fr. ; net, 25 fr.

Ce Dictionnaire donne la prononciation des mots, leur étymologie, leur sens et leurs mots expliqués et appuyés par des exemples. — Un grand nombre de termes techniques des sciences et arts. — La solution des difficultés grammaticales. — Le pluriel des substantifs et les divers temps des verbes quand ils ont une forme irrégulière. Le genre des substantifs qui n'est point indiqué dans les autres dictionnaires italiens, etc., etc. Le tout forme 2.500 pages in-4. Le Conseil royal de l'instruction publique a examiné le grand *Dictionnaire italien-français et français-italien* de Barberi, continué et terminé par MM. Basti et Cerati. D'après la délibération du Conseil royal, ce dictionnaire sera placé dans les Bibliothèques des collèges. C'est, en effet, le travail le plus complet qui existe en ce genre et le meilleur guide pour l'enseignement approfondi des beautés de la langue italienne.

DICTIONNAIRE D'HIPPIATRIQUE ET D'ÉQUITATION

Ouvrage où se trouvent réunies toutes les connaissances équestres et hippiques, par F. Cardini, lieutenant-colonel en retraite. 2 vol. grand in-8, ornés de 70 figures. 2ᵉ édition, corrigée et considérablement augmentée, 20 fr. ; net, 15 fr.

DE L'ÉLOQUENCE JUDICIAIRE AU DIX-SEPTIÈME SIÈCLE

Antoine Lemaistre et ses contemporains, par M. Oscar de Vallée, avocat général à la cour impériale de Paris. 1 beau vol. in-8 cavalier, 7 fr. 50.

LES ARMES ET LE DUEL

Par Grisier, professeur à l'École polytechnique, au collège Henri IV et au Conservatoire de musique. Ouvrage agréé par Sa Majesté l'empereur de Russie ; précédé d'une Préface par A. Dumas ; Notice sur l'auteur, par Roger de Beauvoir ; Epître en vers, de Méry, etc. ; Dessins par E. de Beaumont. Deuxième édition, revue par l'auteur. 1 vol. grand in-8, 10 fr.

Nous ne craignons pas de dire que cet ouvrage est le *traité d'escrime* LE PLUS COMPLET qui ait encore paru. La réputation européenne de l'auteur nous autorise à ajouter que c'est très-certainement LE MEILLEUR.

DICTIONNAIRE DE LA CONVERSATION ET DE LA LECTURE

52 vol. grand in-8 de 500 pages à 2 col., contenant la matière de plus de 300 vol. Prix : 208 fr.

OEuvre éminemment littéraire et scientifique, produit de l'association de toutes les illustrations de l'époque, sans acception de partis ou d'opinions, le *Dictionnaire de la Conversation* a depuis longtemps sa place marquée dans la bibliothèque de tout homme de goût, qui aime à retrouver formulées en préceptes généraux ses idées déjà arrêtées sur l'histoire, les arts et les sciences.

SUPPLÉMENT AU
DICTIONNAIRE DE LA CONVERSATION ET DE LA LECTURE

Rédigé par tous les écrivains et savants dont les noms figurent dans cet ouvrage, et publié sous la direction du même rédacteur en chef. 16 vol. gr. in-8 de 500 pages, conformes aux 52 vol. publiés de 1832 à 1839.

Le *Supplément*, aujourd'hui TERMINÉ, se compose de *seize volumes* formant les tomes 53 à 68 de cette Encyclopédie si populaire. Il contient la mention de tous les progrès faits par les sciences depuis la terminaison de l'ouvrage principal (1839) jusqu'à l'époque actuelle, et le résumé de l'Histoire politique des différents Etats jusqu'en 1852. Les grands et providentiels événements qui sont venus changer la face de l'Europe, en 1848, y sont racontés, de même qu'on y trouve des renseignements précis sur la plupart des hommes nouveaux que ces événements ont fait surgir dans la politique.

Il n'y a pas d'exagération dès lors à dire que de toutes les Encyclopédies le *Dictionnaire de la Conversation* est la plus complète et la plus *actuelle*.

Le *Supplément* a réparé toutes les erreurs, toutes les omissions qui avaient échappé dans le travail si rapide de la rédaction des 52 premiers volumes. Tous les *renvois* que le lecteur cherchait vainement dans l'ouvrage principal se trouvent traités dans le *Supplément*, de même que quelques articles jugés insuffisants ont été refaits.

Qui ne sait l'immense succès du *Dictionnaire de la Conversation?* Plus de 19,000 exemplaires des tomes 1 à 52 ont été vendus ; mais, aujourd'hui, les seuls exemplaires qui conservent toute *leur valeur primitive* sont ceux qui possèdent le *Supplément*, en d'autres termes, les tomes 53 à 68.

Comme les seize volumes supplémentaires n'ont été tirés qu'à 3,000, ils ne tarderont pas à être épuisés ; les retardataires n'auront donc qu'à s'en prendre à eux-mêmes de la dépréciation énorme de l'exemplaire qu'ils auront négligé de compléter.

Nous nous bornerons à prévenir itérativement les possesseurs des tomes 1 à 52 qu'avant très-peu de temps il nous sera impossible de compléter leurs exemplaires et de leur fournir les tomes 53 à 68 ; car ils s'épuisent plus rapidement encore que nous ne l'avions pensé, et d'ailleurs, nous le répétons, ils ont été tirés en bien moindre nombre que les premiers volumes.

Prix des seize volumes du *Supplément* (tomes 53 à 68), 80 fr. ; le volume, 5 fr. ; la livraison 2 fr. 50 c.

GÉOGRAPHIE UNIVERSELLE
PAR MALTE-BRUN.

Description de toutes les parties du monde sur un nouveau plan, d'après les grandes divisions du globe ; précédée de l'Histoire de la

Géographie chez les peuples anciens et modernes, et d'une Théorie générale de la Géographie mathématique, physique et politique. Sixième édition, revue, corrigée et augmentée, mise dans un nouvel ordre et enrichie de toutes les nouvelles découvertes, par J.-J.-N. Huot. 6 beaux vol. grand in-8, enrichis de 64 gravures sur acier, 60 fr., demi-reliure chagrin, 81 fr.

Avec UN SUPERBE ATLAS entièrement établi à neuf. 1 vol. in-folio, composé de 72 magnifiques cartes coloriées, dont 14 doubles, 80 fr.

On se plaignait généralement de la sécheresse de la géographie, lorsque, après quinze années de lectures et d'études, Malte-Brun conçut la pensée de renfermer dans une suite de discours historiques l'ensemble de la géographie ancienne et moderne, de manière à laisser, dans l'esprit d'un lecteur attentif, l'image vivante de la terre entière, avec toutes ses contrées diverses, et avec les lieux mémorables qu'elles renferment et les peuples qui les ont habitées ou qui les habitent encore.

Il s'est dit : « La géographie n'est-elle pas la sœur et l'émule de l'histoire ? Si l'une a le pouvoir de ressusciter les générations passées, l'autre ne saurait-elle fixer, dans une image mobile, les tableaux vivants de l'histoire en retraçant à la pensée cet éternel théâtre de nos courtes misères ? cette vaste scène, jonchée des débris de tant d'empires, et cette immuable nature, toujours occupée à réparer, par ses bienfaits, les ravages de nos discordes ? Et cette description du globe n'est-elle pas intimement liée à l'étude de l'homme, à celle des mœurs et des institutions ? n'offre-t-elle pas à toutes les sciences politiques des renseignements précieux ? aux diverses branches de l'histoire naturelle un complément nécessaire ? à la littérature elle-même, un vaste trésor de sentiments et d'images ? » Et, sans se rebuter par les difficultés de toute nature que présentait un pareil sujet, il consacre sa vie tout entière à élever à la géographie un des plus beaux monuments scientifiques et littéraires de ce siècle.

Malte-Brun a laissé un ouvrage dont la réputation est justifiée par trente années de succès, par le suffrage unanime des savants et des littérateurs, et par l'empressement que plusieurs ont mis à le traduire.

Cette nouvelle réimpression de la *Géographie universelle* a été entièrement revue et complétée par le savant continuateur de Malte-Brun, M. Huot.

DU MÊME AUTEUR :

PRÉCIS DE GÉOGRAPHIE UNIVERSELLE

Précédé d'une introduction historique et suivi d'un aperçu de la géographie ancienne, par MM. Balbi, Larenaudière et Huot, quatrième édition, considérablement augmentée et ornée de nombreuses gravures et cartes. Ouvrage adopté par l'Université. 1 volume grand in-8, 20 fr.; net, 18 fr.

Demi-reliure, dos chagrin. . . . . 3 fr. 50 c.

DICTIONNAIRE GEOGRAPHIQUE, STATISTIQUE ET POSTAL DES COMMUNES DE FRANCE

Dédié au commerce, à l'industrie et à toutes les administrations publiques, par M. A. Peigné, auteur du *Dictionnaire portatif de la langue française* et de plusieurs ouvrages d'instruction ; avec la carte des postes. Cet ouvrage, par la multiplicité et l'exactitude des renseignements qu'il fournit, est indispensable à tout commerçant, voyageur, industriel et employé d'administration, dont il est le *vade mecum*. Prix, 5 fr.

OUVRAGES RELIGIEUX

MÉDITATIONS SUR L'ÉVANGILE.

Par Bossuet, revues sur les manuscrits originaux et les édit. les plus correctes, et illustrées de 14 magnifiques gravures sur acier, d'après Raphael, Rubens, Poussin, Rembrandt, Carrache, Léonard de Vinci, etc. 1 vol. gr. in-8 jésus. 18 fr.

Demi-reliure maroquin, plats en toile, tranche dorée. . . . . 24 fr. »

Cette superbe réimpression d'un des chefs-d'œuvre de Bossuet, imprimée avec le plus grand soin par Simon Raçon, est destinée à prendre place parmi les plus beaux livres de l'époque.

LES SAINTS ÉVANGILES

(ÉDITION CURMER.)

Selon saint Matthieu, saint Marc, saint Luc et saint Jean. 2 splendides vol. grand in-8, illustrés de 12 gravures sur acier, et ornés de vues. Brochés, 48 fr.; net 30 fr.

Reliure chagrin, tranche dorée. . . . . 11 fr. le vol.

LES ÉVANGILES

Par F. Lamennais. Traduction nouvelle, avec des notes et des réflexions. 2e édit., illustrée de 10 gravures sur acier, d'après Cigoli, le Guide, Murillo, Overbeck, Raphaël, Rubens, etc. 1 vol. in-8, cavalier vélin, 10 fr.; net, 8 fr.

Reliure demi-chagrin, plats en toile, tranche dorée. . . . . 4 fr.

LES VIES DES SAINTS

Pour tous les jours de l'année, nouvellement écrites par une réunion d'ecclésiastiques et d'écrivains catholiques, publiées en 200 livraisons, classées pour chaque jour de l'année par ordre de dates, d'après les martyrologes et Godescard; illustrées d'environ 1,800 gravures.

L'ouvrage complet forme 4 beaux vol. grand in-8; chaque vol. se compose d'un trimestre et forme un tout complet. 10 fr., le vol. Complet. 40 fr.

Reliure des 4 vol. en deux vol., demi-chagrin, plats toile, tr. dorée. 15 fr. »
Reliure des 4 vol. en deux vol., toile, tr. dorée. . . . . 11 »

Les Vies des Saints, ayant déjà obtenu l'approbation des archevêques de Paris, de Cambrai, de Tours, de Bourges, de Reims, de Sens, de Bordeaux et de Toulouse, et des évêques de Chartres, de Limoges, de Bayeux, de Poitiers, de Versailles, d'Amiens, d'Arras, de Châlons, de Langres, de la Rochelle, de Saint-Dié, de Nîmes, de Rodez, d'Angers, de Nevers, de Saint-Claude, de Verdun, de Metz, de Montpellier, de Gap, de Nancy, d'Autun, de Quimper, de Strasbourg, d'Evreux, de Saint-Flour, de Valence, de Cahors et du Mans, sont appelées à un très-grand succès.

IMITATION DE JESUS-CHRIST

Traduite par l'abbé Dassance, avec approbation de Mgr l'archevêque de Paris. Edition Curmer, avec encadrements variés, frontispice or et couleur, et 10 gravures sur acier. 1 vol. gr. in-8, 20 fr.

Reliure chagrin, tranche dorée. . . . . 12 fr. »
— demi-chagrin, tranche dorée, plats toile. 5 50

LA VIERGE

Histoire de la mère de Dieu et de son culte, par l'abbé Orsini. Nouvelle édition, ill. de grav. sur acier et de sujets dans le texte. 2 beaux vol. gr. in-8 jésus. 24 fr.

Reliure demi-chagrin, plats toile avec croix, tr. dorée, les 2 vol. en un. 6 fr. »
— — plats toile avec croix, tr. dorée le vol. 5 50
— toile, tr. dorée, mosaïque, le vol. . . . . 5 »

SAINT VINCENT DE PAUL

Histoire de sa vie, par l'abbé Orsini. 1 magnifique vol. grand in-8 jésus, illustré de 10 splendides gravures sur acier, tirées sur chine avant la lettre d'après Karl Girardet, Leloir, Meissonnier, Staal, etc., gravées par nos meilleurs artistes. 12 fr.

Reliure en toile mosaïque, riche plaque spéciale, tr. dorée. . . . . 6 fr. »
— demi-chagrin, plats en toile, avec croix, tr. dorée. 6 50

LES FÊTES DU CHRISTIANISME

Par l'abbé Casimir, curé du diocèse de Paris, illustrées de plusieurs dessins rehaussés d'or et de couleur.

C'est l'histoire des traditions qu'elles ont laissées, des costumes populaires qui en sont résultés, des grands événements religieux auxquels elles se rattachent, que nous offrons aux fidèles.

1 joli vol. grand in-8, illustré de 10 dessins rehaussés d'or et de couleur. 10 fr.

Reliure mosaïque avec plaque spéciale, et tranche dorée. . . . . 4 fr. »
— demi-chagrin, plats en toile. 4 50

HEURES NOUVELLES (ÉDITION CURMER.)

Paroissien complet, latin-français, à l'usage de Paris et de Rome, par l'abbé Dassance. 1 vol. in-8, illustré par Overbeck; texte encadré, 36 fr.; net, 15 fr.

Reliure chagrin, tranche dorée. . . . . 10 fr. »
— demi-chagrin, plats toile, tranche dorée. . . . . . . 5 »

PETITES HEURES NOUVELLES (ÉDITION CURMER.)

Texte encadré, lettres ornées, fleurons, etc. 1 vol. in-64.

Relié en chagrin plein, d. s. tr. . . . . 5 fr. »

VIE DE JÉSUS

Ou Examen critique de son histoire, par le docteur David-Frédéric Strauss, traduit de l'allemand sur la troisième édition, par E. Littré, de l'Académie des inscriptions et belles-lettres. Deuxième édition française. 4 vol. in-8, 20 fr.

ŒUVRES DE CHATEAUBRIAND

16 vol. grand in-8 jésus, illustrés de 64 gravures composées par G. Staal, Philippoteaux, etc., gravées par F. Delannoy, etc., etc., 120 fr., net. 100 fr.

On peut acheter séparément les ouvrages qui suivent:

Le Génie du christianisme, illustré de 8 belles gravures sur acier, 2 vol.
Brochés. . . . . 20 fr. »
Reliés en un seul vol., demi-chagrin, plats toile, tr. dorée. . . 5 »

Les Martyrs et le **Voyage en Amérique.** 2 vol. avec gravures sur acier.
Brochés. . . . . 20 fr. »
Reliure en un seul vol., demi-chagrin, plats en toile, tr. dorée. 5 »

Itinéraire de Paris à Jérusalem. 2 vol. avec gravures sur acier.
Brochés. . . . . 20 fr. »
Demi-reliure en un seul vol., plats toile, tranche dorée. . . . 5 »

Les Natchez et les **Poésies diverses.** 1 vol. avec grav. sur acier.
Brochés. . . . . 10 fr. »
Demi-reliure, plats toile, tranche dorée. . . . . 15 »

Atala et le **Dernier des Abencerrages.** 1 vol. in-8, 10 fr.
Demi-reliure, plats toile, tranche dorée. . . . . 15 fr. »

MÉMOIRES D'OUTRE-TOMBE

Par Chateaubriand; suivis du CONGRÈS DE VÉRONE et de la VIE DE RANCÉ; terminés par la VIE DE CHATEAUBRIAND, par M. Ancelot, de l'Académie française. 8 vol. grand in-8 jésus, ornés de gravures sur acier. 80 fr.

HISTOIRE DE FRANCE

Par Anquetil, avec continuation jusqu'à nos jours par Baude, l'un des principaux auteurs du *Million de Faits* et de *Patria*. 8 volumes grand in-8, illustrés de 120 gravures environ, renfermant la collection complète des portraits des rois, imprimés en beaux caractères, à deux colonnes, sur papier des Vosges, 50 fr.; net, 40 fr.
Demi-reliure, dos chagrin, le volume. . . . . 3 fr. 50 c.

HISTOIRE DE FRANCE D'ANQUETIL

Continuée depuis la Révolution de 1789, par Léonard Gallois. Édition ornée de 50 gravures en taille-douce. 5 vol. gr. in-8 jésus à deux colonnes, contenant la matière de 40 vol. in-8 ordinaires. 62 fr. 50 c.; net. 40 fr.
Demi-reliure, dos chagrin, le vol. . . . . 3 fr. 50

ABRÉGÉ CHRONOLOGIQUE DE L'HISTOIRE DE FRANCE,

Par le président Hénault, continué par Michaud. 1 vol. gr. in-8 illustré de gravures sur acier. 12 fr.
Demi-reliure chagrin. . . . . 3 fr. 50
— avec les plats toile, tr. dor. . . . . . 6 fr. »

DICTIONNAIRE DE LA NOBLESSE ET DU BLASON

Par Jouffroy d'Eschavannes, héraldiste, historiographe, secrétaire-archiviste de la Société orientale de Paris. 1 vol. grand in-8, illustré de 2 planches de blason coloriées et d'un grand nombre de gravures, 15 fr.; net, 10 fr.

GALERIES HISTORIQUES DE VERSAILLES

Ce grand et important ouvrage a été entrepris aux frais de la liste civile du roi Louis-Philippe, et rédigé d'après ses instructions. Il renferme la Description de 1,200 tableaux; des Notices historiques sur plus de 676 écussons armoriés de la salle des Croisades, et des Aperçus biographiques sur presque tous les personnages célèbres depuis les temps les plus reculés de la monarchie française. Cet ouvrage, véritable Histoire de France, illustrée par les maîtres les plus célèbres en peinture et en sculpture, et destiné à être donné en cadeau à tous les hommes éminents de notre époque, n'a jamais été mis en vente.

10 vol. in-8 imprimés en caractères neufs sur beau papier, avec un magnifique album in-4 contenant 100 gravures, 80 fr.

HISTOIRE DE RUSSIE

Par A. de Lamartine. Deux volumes in-8, 10 fr.

COURS D'ETUDES HISTORIQUES

Par M. Daunou, pair de France, secrétaire perpétuel de l'Académie des inscriptions et belles-lettres, professeur au Collége de France. 20 vol. in-8 et tables des matières, 160 fr.; net, 120 fr.

Cet important ouvrage, dont nous n'avons qu'un très-petit nombre d'exemplaires, contient le résultat des leçons faites au Collége de France de 1819 à 1830. Après avoir recherché quelles sont les ressources de l'histoire et de quelle manière la connaissance des choses passées a pu naître et se perpétuer, le savant auteur établit les règles de critique pour donner à l'histoire le caractère d'une véritable science composée de faits positifs dont on a reconnu a certitude ou la probabilité.

Le cours est terminé par un examen des systèmes philosophiques, appliqués à l'histoire de la philosophie, depuis Platon jusqu'au dix-neuvième siècle.

HISTOIRE DE FRANCE

Depuis les Gaulois jusqu'à nos jours, par M. Millac, professeur d'histoire, illustrée d'un grand nombre de vignettes sur bois par Harrisson. 1 joli v. in-18, rel. en toile, doré sur tr. 2 fr. 50 c.

HISTOIRE DES FRANÇAIS

Par Théophile Lavallée. Édition ornée de 20 magnifiques nouvelles gravures sur acier, d'après MM. Gros, Paul Delaroche, Eugène Delacroix, Horace Vernet, Steuben, Scheffer, Vinterhalter, etc. 2 forts vol. grand in-8 jésus. 24 fr.

Reliure toile mosaïque, plaque spéciale tranche dorée, le vol.	6 fr.	»
— toile, tranche dorée, plaque spéciale, le vol.	5	»
— demi-chagrin, plats toile, tranche dorée, le vol.	5	50

HISTOIRE DE L'EMPIRE OTTOMAN
DEPUIS LES TEMPS LES PLUS ANCIENS JUSQU'A NOS JOURS

Par M. Théophile Lavallée. 1 magnifique volume grand in-8, accompagné de 18 belles gravures anglaises sur acier, représentant des scènes historiques, des vues, des portraits, etc. 18 fr.

Reliure en toile mosaïque, plaque spéciale, tranche dorée. . . 6 fr. »

HISTOIRE DE PARIS

Par Th. Lavallée. 207 vues par Champin. 1 vol. gr. in-8. 12 fr.

Relié toile mosaïque.................... 18 fr. »

HISTOIRE DE NAPOLÉON

Par Laurent, illustrée de 500 vignettes, avec les types en noir imprimés dans le texte, par Horace Vernet. 1 vol. grand in-8, 9 fr.; net 6 fr. 50 c. rel. toile, 10 fr. 50 c.

MÉMORIAL DE SAINTE-HÉLÈNE

Par feu le comte de las Cases, nouvelle édition revue avec soin, augmentée du *Mémorial de la Belle-Poule*, par M. Emmanuel de las Cases. 2 vol. grand in-8, avec portraits, vignettes nouvelles, gravés au burin sur acier par M. Blanchard. Les vues et les dessins sont de MM. Pauquet frères et Daubigny. 24 fr.; net 14 fr.

Reliure demi-chagrin, le volume. . . . . 3 fr. 50
Reliure demi-chagrin, plats en toile, tranche dorée, le volume. 5   50

HISTOIRE UNIVERSELLE

Par le comte de Ségur, de l'Académie française; contenant l'histoire des Egyptiens, des Assyriens, des Mèdes, des Perses, des Juifs, de la Grèce, de la Sicile, de Carthage et de tous les peuples de l'antiquité, l'histoire romaine et l'histoire du Bas-Empire. 9e édition, ornée de 30 gravures, d'après les grands maîtres de l'école française. 3 vol., divisés en 6 parties grand in-8, 37 fr. 50 c.

On peut acheter séparément le tome Ier, Histoire Ancienne.
—   —   IIe,   —   *Romaine.*
—   —   IIIe,   —   *du Bas-Empire*

Reliure demi-chagrin, le volume.. . . . . 5 fr. 50
Reliure demi-chagrin, plats en toile, tranche dorée.. . . . . 5 fr. 50

HISTOIRE DES DUCS DE BOURGOGNE

Par M. de Barante, membre de l'Académie française; 7e édition. 12 vol. in-8, caractères neufs, imprimés sur papier vélin satiné des Vosges, ornés de 104 grav. et d'un grand nombre de cartes. Prix : 5 fr. le vol.

La place de cet ouvrage est marquée dans toutes les bibliothèques. Il joint au mérite et l'exactitude historique une grande vérité de couleur et un grand charme de narration.

HISTOIRE DES RÉPUBLIQUES ITALIENNES DU MOYEN AGE

Par Simonde de Sismondi. Nouvelle édition, ornée de gravures sur acier. 10 vol. in-8, 50 fr.; net, 40 fr.

Reliure demi-chagrin, le volume . . . . 4 fr. 60

LA HONGRIE ANCIENNE ET MODERNE

Historique, littéraire, aristique et monumentale, publiée sous la direction de M.-J. Boldényi. 1 magnifique volume grand in-8, illustré d'un très-grand nombre de gravures, vues, monuments, portraits, costumes, dans le texte et hors texte, et d'une carte ethnographique. Broch., 12 fr.; net, 10 fr.; avec types col. 15 fr.

Reliure toile, tranche dorée, mosaïque. . . . . 6 fr. »

VOYAGE DANS L'INDE

Par le prince A. Soltykoff; illustré de magnifiques lithographies à deux teintes, par Derudder, etc., d'après les dessins originaux de l'auteur. 2 beaux vol. gr. in-8 jésus, 24 fr.

Reliure t. mosaïque, riche plaque spéciale, genre indien, tr. dor., le vol.. 6

VOYAGE EN PERSE

Par le même; illustré, d'après les dessins de l'auteur, de magnifiques lithographies par Trayer, etc. 1 vol. gr. in-8 jésus. 10 fr.

Reliure toile mosaïque, riche plaque spéciale, genre indien, tr. dorée. 6 fr.

ŒUVRES COMPLÈTES DE BUFFON

Avec la nomenclature linnéenne et la classification de Cuvier. Édition nouvelle, revue sur l'édition in-4 de l'Imprimerie impériale, annotée par M. Flourens, membre de l'Académie française, secrétaire perpétuel de l'Académie des Sciences, professeur au Muséum d'histoire naturelle.

Les *OEuvres complètes de Buffon* forment 12 v. grand in-8 jésus, illustrés de 162 planches, 800 sujets coloriés, gravés sur acier, d'après les dessins originaux de M. Victor Adam. Imprimés en caractères neufs, sur papier pâte vélin, par la typographie J. Claye. 120 fr.

M. le ministre de l'instruction publique a souscrit, pour les bibliothèques, à cette magnifique publication (aujourd'hui complètement achevée), reconnue par les hommes les plus compétents comme une édition modèle des œuvres du grand naturaliste. Le nom et le travail de M. Flourens la recommandent d'une façon toute particulière, et lui donnent un cachet spécial.

Pour satisfaire aux nombreuses demandes des personnes qui préfèrent l'acquisition par volumes à la vente par livraisons, nous avons ouvert une souscription par demi-volumes du prix de 5 fr.

Les souscripteurs peuvent retirer, dès à présent, les 24 demi-volumes.

LEÇONS ÉLÉMENTAIRES D'HISTOIRE NATURELLE

Traité de CONCHYLIOLOGIE, précédé d'un aperçu sur toute la ZOOLOGIE, à l'usage des étudiants et des gens du monde. Ouvrage adressé à madame François Delessert, par M. J.-C. CHENU, conservateur du Musée d'histoire naturelle de M. B. DELESSERT. 1 vol. in-8, orné de 1,000 vignettes gravées sur cuivre et sur bois, imprimées dans le texte, et d'un atlas de 12 planches gravées en taille-douce et magnifiquement coloriées. Prix, broché, 15 fr.; net, 8 fr.

LE MÊME OUVRAGE, Atlas de planches noires.
Prix du volume broché · 12 fr.; net, 5 fr.

LES TROIS RÈGNES DE LA NATURE

BOTANIQUE
HISTOIRE NATURELLE DES FAMILLES VÉGÉTALES

Et des principales espèces, avec l'indication de leur emploi dans les arts, les sciences et le commerce, par EM. LE MAOUT. 1 vol. très-grand in-8 jésus; édition de luxe, gravures sur bois, figures coloriées à l'aquarelle, etc., etc. 21 fr. Reliure avec magnifiques plaques en mosaïque, 6 fr. de plus par volume.

LES MAMMIFÈRES

Histoire naturelle avec l'indication de leurs mœurs et de leurs applications dans les arts, le commerce et l'agriculture; par M. PAUL GERVAIS. 1 beau volume grand in-8, illustré de 50 gravures, dont 30 coloriées. — Prix : 21 fr.

Reliure toile mosaïque, tranche dorée. . . . . 6 fr.

DEUXIÈME VOLUME DES MAMMIFÈRES

Par les mêmes auteur et dessinateur que ceux du premier.

Ce volume, qui complète l'*Histoire des Mammifères*, contient 40 planches gravées sur acier et coloriées, entièrement inédites, et 29 gravures sur bois, séparées du texte, imprimées à deux teintes. Un nombre considérable de gravures sur bois, inédites, orne et explique le texte, contenant : carnivores, proboscidiens, rumentes, bisulques, édentés, marsupiaux, monotrèmes, phoques, sirénides et cétacés.

L'AFRIQUE FRANÇAISE, L'EMPIRE DU MAROC ET LES DÉSERTS DU SAHARA

Édition illustrée d'un grand nombre de gravures sur acier, noires et coloriées, par CHRISTIAN. 1 vol. grand in-8 jésus, 15 fr.

Reliure toile, tranche dorée, fers spéciaux. . . . . 6 fr. »
Mêmes prix pour la demi-reliure, plats toile, tranche dorée.

MOLIERE

OEuvres complètes, précédées d'une notice sur la vie et les ouv. de Molière, par Sainte-Beuve, illustr. de 800 dessins par Tony Johannot. Nouvelle édition. 1 magnifique vol. grand in-8 jésus, imprimé par Plon frères, 20 fr.

Reliure toile mosaïque, plaque spéciale, tranche dorée. . . . . 6 fr. »
— toile, plaque spéciale, tranche dorée. . . . . 5 »
— demi-chagrin, plats toile, tranche dorée. . . . . 6 »

ŒUVRES DE JEAN RACINE

Avec un Essai sur la vie et les ouvrages de J. Racine, par M. Louis Racine, ornées de 13 vignettes, d'après Gérard, Girodet, Desenne. 1 beau vol. in-8 jésus, 12 fr. 50 c.

Reliure demi-chagrin. 3 fr. 5
Même reliure, plats en toile, tranche dorée. . . . . 5 , 5

ENCYCLOPEDIE
THÉORIQUE ET PRATIQUE DES CONNAISSANCES UTILES

Composée de Traités sur les connaissances les plus indispensables, ouvrage entièrement neuf, avec environ 1,500 gravures intercalées dans le texte, par MM. Alcan, Albert-Aubert, L. Baude, Bellanger, Berthelet, Am. Burat, Chenu, Deboutteville, Delafond, Deyeux, Dubreuil, Fabre d'Olivet, Foucault, H. Fournier, Génin, Giguet, Girardin, Léon Lalanne, Ludovic Lalanne, Elizé Lefèvre, Henri Martin, Martins, Mathieu, Moll, Moreau de Jonnès, Péclet, Persoz, Louis Reybaud, Trébuchet, L. de Wailly, Wolowski, etc. 2 vol. grand in-8, 25 fr.

Reliure demi-chagrin, le volume. . . . . 3 fr.
Reliure toile, tranche dorée, le volume. . . . . 4 fr.

BIOGRAPHIE UNIVERSELLE

Biographie portative universelle, contenant 29,000 noms, suivie d'une Table chronologique et alphabétique, où se trouvent répartis en cinquante-quatre classes différentes les noms mentionnés dans l'ouvrage, par L. Lalanne, L. Renier, Th. Bernard, Ch. Laumier, E. Janin, A. Delloye, etc. 1 vol. de 1,000 pages, format du *Million de Faits*, contenant la matière de 12 volumes. Broché, 12 fr.; net, 9 fr.

UN MILLION DE FAITS

Aide-mémoire universel des sciences, des arts et des lettres, par MM. J. Aycard, Desportes, Léon Lalanne, Ludovic Lalanne, Gervais, A. le Pileur, Ch. Martins, Ch. Vergé et Jung.

MATIÈRES TRAITÉES DANS LE VOLUME :

Arithmétique. — Algèbre. — Géographie élémentaire, analytique et descriptive. — Calcul infinitésimal. — Calcul des probabilités. — Mécanique. — Astronomie. — Tables numériques et moyens divers pour abréger les calculs. — Physique générale. — Météorologie et physique du globe. — Chimie. — Minéralogie et géologie. — Botanique. — Anatomie et physiologie de l'homme. — Hygiène — Zoologie. — Arithmétique sociale. — Technologie (arts et métiers). — Agriculture. — Commerce. — Législation. — Art militaire. — Statistique. — Sciences philosophiques. — Philologie. — Paléographie. — Littérature. — Beaux-Arts. — Histoire. — Géographie. — Ethnologie. — Chronologie. — Biographie. — Mythologie. — Education.

Un fort volume portatif, petit in-8, de 1,720 col., orné de grav. sur bois. — Broché, 12 fr.; net, 9 fr.

PATRIA
(DEUXIÈME TIRAGE)

La FRANCE ancienne et moderne, morale et matérielle; ou collection encyclopédique et statistique de tous les faits relatifs à l'histoire physique et intellectuelle de la France et de ses colonies. Deux très-forts volumes petit in-8, format du *Million de Faits*, de 3,200 colonnes de texte, y compris plus de 500 colonnes pour une table analytique des matières, une table des figures, un état des tableaux numériques, et un index général alphabétique; orné de 330 gravures sur bois, de cartes et de planches coloriées, et contenant la matière de 16 forts volumes in-8. — Prix, broché, 18 fr.; net, 9 fr.

Noms des principaux auteurs: MM. J. AYCARD, prof. de physique à l'Ecole polytechnique; A. DELLOYE, élève de l'Ecole des Chartes; Dieudonné DENNE-BARON; DESPORTES; Paul GERVAIS, docteur ès sciences, prof. de zoologie; JUNG; Léon LALANNE, ing. des ponts et chaussées; Ludovic LALANNE; LE CHATELIER, ing. des mines; A. LE PILEUR; Ch. LOUANDRE; Ch. MARTINS, docteur ès sciences, prof. à la Faculté de médecine de Paris; Victor RAULIN, prof. de géologie; P. RÉGNIER, de la Comédie-Française; Léon VAUDOYER, architecte du gouvernement; Ch. VERGÉ, avocat à la cour impériale de Paris.

DIVISIONS PRINCIPALES DE L'OUVRAGE

Géographie physique et mathématique, physique du sol, météorologie, géologie, géographie botanique, zoologie, agriculture, industrie minérale, travaux publics, finances, commerce et industrie, administration intérieure, état maritime, législation, instruction publique, géographie médicale, population, ethnologie, géographie politique, paléographie et numismatique, chronologie et histoire, histoire des religions, langues anciennes et modernes, histoire littéraire, histoire de l'agriculture, histoire de la sculpture et des arts plastiques, histoire de la peinture et des arts du dessin; histoire de l'art musical; histoire du théâtre, colonies, etc.

Ces trois ouvrages réunis forment une véritable Encyclopédie portative. Le savoir est aujourd'hui tellement répandu, qu'il n'est plus permis de rien ignorer; mais, la mémoire la plus exercée ne pouvant que bien rarement retenir tous les détails de la science, ces ouvrages sont pour elle d'un secours précieux, et sont surtout devenus indispensables à tous ceux qui cultivent les sciences ou qui se livrent à l'instruction de la jeunesse.

Prix de la reliure de ces trois ouvrages :

Cartonnage à l'anglaise, en 1 fr. 25 c. sus par vol.
Demi-rel., maroquin soigné, 1 fr. 50 c.

ENSEIGNEMENT ÉLÉMENTAIRE UNIVERSEL
OU ENCYCLOPÉDIE DE LA JEUNESSE

Ouvrage également utile aux jeunes gens, aux mères de famille, aux personnes qui s'occupent d'éducation et aux gens du monde; par MM. ANDRIEUX DE BRIOUDE, docteur en médecine, et Louis BAUDE, professeur au collége Stanislas. Un seul vol. grand in-8, contenant la matière de 6 vol., enrichi de 400 gravures servant d'explication au texte. Broché, 10 fr.; net, 7 fr.

L'ILLUSTRATION

En vente, 28 vol. (1842 à fin 1856), ornés de plus de 5,000 gr. sur tous les sujets actuels. Evénements politiques, fêtes et cérémonies religieuses, portraits des personnages célèbres, inventions industrielles, vues pittoresques, cartes géographiques, compositions musicales, tableaux de mœurs, scènes de théâtre, monuments, costumes, décors, tableaux, statues, modes, caricatures, etc., etc., etc.

Prix des 28 volumes brochés, 16 fr. le vol.; rel. en percal., fers et tr. dorés, 5 fr. en sus par volume.

TABLEAU DE PARIS

Par EDMOND TEXIER; ouvrage illustré de 1,500 gravures, d'après les dessins de Blanchard, Cham, Champin, Forest, Français. Gavarni, etc., etc. 2 vol. in-fol. du format de l'*Illustration*, 50 fr.

Reliure riche, dor. sur tranche, mosaïque, avec les armes de la ville de Paris, Le volume.................................... 6 fr. »
Même reliure, les deux volumes en un............. 7 » -

TABLEAU HISTORIQUE, POLITIQUE ET PITTORESQUE
DE LA TURQUIE ET DE LA RUSSIE

Par MM. JOUBERT et FÉLIX MORNAND. 1 vol. in-folio (format de l'*Illustration*), orné d'une carte et d'un grand nombre de vignettes, 7 fr. 50. c.

Reliure percaline anglaise, dor. sur tranche......... 4 fr. »

VOYAGE ILLUSTRÉ DANS LES CINQ PARTIES DU MONDE
DE 1846 A 1849.

Par Adolphe JOANNE. 1 vol. in-folio (format de l'*Illustration*), illustré d'environ 700 gravures, 15 fr.; rel. toile, tr. dorée, 20 fr.

GALERIE DE PORTRAITS POUR LES MÉMOIRES DU DUC DE SAINT-SIMON
s'adaptant à toutes les éditions

La *Galerie de Portraits de Saint-Simon* se compose de 58 portraits représentant les personnages les plus célèbres du temps et gravés avec une exactitude remarquable, d'après les tableaux originaux du Musée de Versailles.

La collection forme dix livraisons au prix de 1 fr.

CHANTS ET CHANSONS POPULAIRES DE LA FRANCE

996 chansons et chansonnettes, chants guerriers et patriotiques, chansons bachiques, burlesques et satiriques. Nouvelle édition, illustrée de 336 belles gravures sur acier, d'après MM. E. de Beaumont, Daubigny, Dubouloz, E. Giraud, Meissonnier, Pascal, Staal, Steinheil et Trimolet, gravées par les meilleurs artistes. 2 beaux vol. grand in-8, avec riches couvertures et frontispices gravés, table et introduction, contenant 996 chansons. — Le premier volume est composé de chansons, romances et complaintes, rondes et chansonnettes; le deuxième volume de chants guerriers et patriotiques, chansons bachiques, burlesques et satiriques. Prix de chaque volume, 11 fr.

Demi-reliure, plats toile, tranche dorée (2 vol. en un). . . . . . 28 fr. »

CHANSONS NATIONALES ET POPULAIRES DE FRANCE

Précédées d'une histoire de la Chanson et accompagnées de notices historiques et littéraires, par Dumersan et Noël Ségur, ornées de 48 dessins, par Gavarni, Karl Girardet, G. Staal, A. Varin, etc., gravés sur acier, par Ch. Geoffroy. (*Édition de Gonet.*) 2 gros vol. de 2,000 colonnes, contenant près de 1,400 chansons, 20 fr.

Demi-reliure, plats toile, tranche dorée. . . . . 30 fr. »

ŒUVRES COMPLÈTES DE BÉRANGER

Nouvelle édition, revue par l'auteur, contenant les DIX CHANSONS NOUVELLES, le FAC-SIMILE d'une lettre de Béranger; illustrée de 52 gravures sur acier, d'après Charlet, Daubigny, Johannot, Grenier de Lemud, Pauquet, Pinguilly, Raffet, Sandoz, exécutées par les artistes les plus distingués, et d'un portrait d'après nature par Sandoz. 2 vol. papier cavalier, 28 fr.

Demi-reliure, plats toile, tranche dorée. . . . . 38 fr. »

Œuvres complètes de Béranger, avec ses dix dernières chansons. 1 vol. in-32. 3 fr. 50 c.

ŒUVRES COMPLÈTES DE BÉRANGER

Contenant les 10 chansons nouvelles. 2 vol. grand in-18, 7 fr.

ŒUVRES CHOISIES DE GAVARNI

Revues, corrigées et nouvellement classées par l'auteur, publiées dans le format du *Diable à Paris*, et accompagnées de notices par MM. de Balzac, Théophile Gautier, Gérard de Nerval, Léon Gozlan, Laurent-Jan, Jules Janin, Alphonse Karr, P.-J. Stahl, etc. 4 vol. grand in-8, renfermant chacun 80 grandes vignettes, 40 fr.

Il ne nous reste plus que les tomes II, III et IV à 10 fr. le volume.

Reliure toile, tranche dorée, le volume. . . . . 5 fr.

PARIS MARIE
PHILOSOPHIE DE LA VIE CONJUGALE

Par H. DE BALZAC, illustré par Gavarni. 1 vol. in-8 anglais, 3 fr.

PARIS A TABLE

Par EUGÈNE BRIFFAULT, ill. par Bertall. 1 vol. in-8 anglais, 3 fr.

LES FEMMES DE H. DE BALZAC

Types, caractères et portraits, précédés d'une notice biographique par le bibliophile JACOB, et illustrés de 14 magnifiques portraits gravés sur acier d'après les dessins de G. STAAL. 1 beau volume gr. in-8 jésus, 12 fr.

LE DIABLE A PARIS

Par GAVARNI. 2 vol. grand in-8 (Paris, Hetzel), 30 fr.

LES FLEURS ANIMÉES

Dessins par J.-J. GRANDVILLE, texte par ALPHONSE KARR, TAXILE DELORD, le comte FŒLIX. 2 beaux vol. grand in-8, ill. de 50 dessins gravés sur acier et coloriés. Brochés, 25 fr.

Reliure toile mosaïque, tr. dor., le volume............ 5 fr. »

UN AUTRE MONDE

1 vol. petit in-4, illustré par GRANDVILLE de 36 vignettes coloriées, 150 sujets dans le texte, 18 fr.; net, 15 fr.

Reliure toile, tranche dorée...................... 4 fr. 50
Reliure toile mosaïque, fers spéciaux................ 5 fr. 50

CENT PROVERBES

1 vol. grand in-8, 50 vignettes à part, frises, lettres, culs-de-lampe, 15 fr.; net 10 fr.

Reliure toile mosaïque, tranche dorée................ 4 fr. »

LA CHINE OUVERTE

Texte par OLD-NICK, illustrations par Borget. 1 vol. grand in-8, 250 sujets, dont 50 tirés à part, 15 fr.; net, 10 fr.

Reliure toile mosaïque, tranche dorée................ 4 fr. »

MUSES ET FEES
HISTOIRE DES FEMMES MYTHOLOGIQUES

Dessins par G. STAAL, texte par le comte FŒLIX. 1 beau volume grand in-8, illustré de 12 dessins rehaussés d'or et de couleurs. Broché, 12 fr.

Charmant ouvrage où se mêlent, sans se confondre, l'Histoire, la Légende et le Conte, la Sagesse et la Folie, la Fable et la Vérité, réunion nécessairement féconde en merveilles, en drames prodigieux, en féeries de toutes sortes.

.

DROLERIES VÉGÉTALES
OU LÉGUMES ANIMÉS

Dessins par J.-J. GRANDVILLE, continués par A. VARIN, texte par E. NUS et A. MÉRAY. 1 beau vol. gr. in-8, ill. de 25 dessins gr. sur acier et coloriés. Broché, 15 fr.; net, 10 fr.

PERLES ET PARURES
PREMIÈRE PARTIE. — LES JOYAUX. — Fantaisie.

Dessins par GAVARNI, texte par MÉRAY et le comte FŒLIX. 1 beau vol. grand in-8, illustré de 15 gravures sur acier, par CH. GEOFFROY, imprimés sur chine avec le plus grand soin.

PERLES ET PARURES
DEUXIÈME PARTIE. — LES PARURES. — Fantaisie.

Dessins par GAVARNI, texte par MÉRAY et le comte FŒLIX. 1 beau vol. grand in-8, illustré de 15 gravures sur acier, par CH. GEOFFROY, imprimés sur chine avec le plus grand soin. Broché, les 2 volumes, 30 fr.; net, 20 fr.

LES PAPILLONS
MÉTAMORPHOSES TERRESTRES DES PEUPLES DE L'AIR

Dessins par J.-J. GRANDVILLE, continués par A. VARIN, texte par EUGÈNE NUS, ANTONY MÉRAY et le comte FŒLIX. 2 beaux volumes grand in-8, 30 fr.; net, 20 fr.

Reliure des cinq ouvrages ci-dessus, par vol., toile mosaïque. 5 fr.

PHYSIOLOGIE DU GOUT

Par BRILLAT-SAVARIN, illustrée par BERTALL. 1 beau vol. in-8, ill. d'un grand nombre de grav. sur bois intercalées dans le texte, et de 8 sujets gravés sur acier, par CH. GEOFFROY, imprimés sur chine avec le plus grand soin, 10 fr.

Relié toile, avec plaque spéciale, et doré sur tranche.. . . . 15 fr.

LES TROIS MOUSQUETAIRES
PAR ALEXANDRE DUMAS

1 vol. grand in-8, illustré de 33 gravures à part, avec vignettes, lettres ornées, culs-de-lampe, et comprenant les 8 vol. de l'édit. ordinaire, 10 fr.

HISTOIRE DE LA VIE POLITIQUE ET PRIVÉE DE LOUIS-PHILIPPE

Depuis son avénement jusqu'à la Révolution de 1848, par ALEXANDRE DUMAS; illust. de 12 gravures sur acier. 2 vol. grand in-8, 12 fr.

HISTOIRE PITTORESQUE DES RELIGIONS

Doctrines, Cérémonies et Coutumes religieuses de tous les peuples du monde, par F.-T.-B. CLAVEL, illustrée de 29 grav. sur acier. 2 vol. grand in-8, 20 fr.; net, 15 fr.

DON QUICHOTTE DE LA MANCHE

Traduction nouvelle, précédée d'une notice sur la vie et les ouvrages de l'auteur, par LOUIS VIARDOT, ornée de 800 dessins par Tony Johannot. 2 vol. grand in-8 jésus. Prix, broché, 30 fr.; net, 20 fr.

Reliure demi-chagrin, le volume.................... 3 fr. 50
Reliure toile, tranche dorée, le volume............... 4   50

LE MÊME OUVRAGE, 1 vol. grand in-8, 20 fr.; net, 15 fr.

Reliure demi-chagrin.......................... 3 fr. 50
Reliure toile, tranche dorée...................... 4.   50

GIL BLAS DE SANTILLANE

Par LE SAGE, nouvelle édition, illustrée d'après les dessins de Jean Gigoux, augmentée de *Lazarille de Tormes*, traduit par Louis Viardot, et illustrée par Meissonnier. 1 vol. grand in-8 jésus. Prix, broché, 15 fr.; net, 10 fr.

Reliure toile, tranche dorée. . . . . 4 fr. 50

JÉROME PATUROT

A la recherche d'une position sociale, par LOUIS REYBAUD; illustré par J.-J. Grandville. 1 volume grand in-8, orné de 163 bois dans le texte, et de 35 grands bois tirés hors texte, gravés par Best et Leloir, d'après les dessins de J.-J. Grandville. Prix, br. avec couv. ornée d'après Grandville, 15 fr.; net, 12 fr.

Reliure percaline, ornée du blason de *Paturot*, tirée en couleurs, d'après les dessins de Grandville; filets, tranche dorée. . . . . 5 fr. 50

NOTRE-DAME DE PARIS

PAR VICTOR HUGO.

Édition illustrée de 50 à 60 magnifiques gravures sur acier et sur bois imprimées hors texte, d'un grand nombre de fleurons, frises, lettres ornées, culs-de-lampe, etc., d'après les dessins de MM. E. de Beaumont, L. Boulanger, Daubigny, T. Johannot, de Lemud, Meissonnier, C. Roqueplan, Steinheil. 1 vol. grand in-8, 20 fr.; net, 15 fr.

Reliure toile, tranche dorée, fers spéciaux. . . . . 5 fr. 50

ŒUVRES COMPLÈTES DE H. DE BALZAC

La *Comédie humaine*, nouvelle édition, illustrée de 121 vignettes d'après Johannot, Meissonnier, Gavarni, H. Monnier, Bertall, etc., et d'un portrait de l'auteur gravé sur acier. 20 vol. in-8 (chaque volume se vend séparément, 5 fr.), papier glacé, renfermant les 150 volumes des éditions précédentes, 100 fr.

LES ETRANGERS A PARIS

Par MM. Louis Desnoyers, J. Janin, Old-Nick, Stanislas Bellenger, Drouineau, Marco de Saint-Hilaire, Roger de Beauvoir. 1 vol. grand in-8, illustré de 400 grav., 15 fr. ; net 10 fr.

Reliure toile, tranche dorée. 5 fr. »

LES MYSTÈRES DE PARIS

Par Eugène Sue. Édition illustrée. 4 vol. gr. in-8, 40 fr.; net, 30 fr.

LE JUIF ERRANT

Par Eugène Sue. Édition illustrée par Gavarni. 4 vol. grand in-8, même format que les *Mystères de Paris*, 40 fr.; net, 30 fr.

Les 8 volumes ensemble des *Mystères* et du *Juif Errant*, 80 fr.; net, 50 fr.

Demi-reliure chagrin. (On peut faire relier 2 vol. en un.) Le vol. 3 fr. 50

LA FEMME
JUGÉE PAR LES GRANDS ÉCRIVAINS DES DEUX SEXES.

Riche et précieuse mosaïque de toutes les opinions émises sur la femme, depuis les siècles les plus reculés jusqu'à nos jours, par les philosophes, les moralistes, les Pères de l'Église, les conciles, les historiens, les poëtes, les économistes, les critiques, les satiriques, etc., etc., où l'on trouve la définition de la femme : sa Physiologie. — Son Histoire. — Sa condition chez tous les peuples. — Son caractère. — Ses habitudes. — Ses qualités. — Ses bons et mauvais instincts. — Ses penchants. — Ses passions. — Son influence. — En un mot, son passé, son présent et son avenir. Seul ouvrage qui réunisse un ensemble aussi complet et aussi varié sur les femmes. Par L.-J. Larcher. Avec une introduction de M. Bescherelle aîné, auteur du grand *Dictionnaire national* et du *Dictionnaire de tous les Verbes*. 1 beau volume grand in-8 jésus, papier glacé des Vosges, orné de magnifiques portraits gravés au burin par les plus célèbres artistes anglais. Prix : 16 fr.; relié toile mosaïque, tranches dorées, 21 fr.

SOUVENIRS D'UN AVEUGLE

Voyage autour du monde, par J. Arago, sixième édition, revue, augmentée, enrichie de notes scientifiques par F. Arago, de l'Institut. 2 vol. grand in-8 raisin, illustrés de 23 planches et portraits à part, et de 110 vignettes dans le texte. Brochés, 20 fr.; net, 15 fr.

Reliure toile, tranche dorée, le volume. . . . . 4 fr. »
Reliure des deux volumes en un. . . . . 4 fr. 50

REVUE PITTORESQUE

Volumes divers grand in-8, 4 fr. le volume.

OUVRAGES ILLUSTRÉS POUR LES ENFANTS.
JOLIS VOLUMES IN-8 ANGLAIS
Brochés, 3 fr. le vol. — Reliés toile mosaïque, dorés sur tranche, 5 fr.

L'ami des adolescents, par Berquin, illustré de bois dans le texte. 1 vol.

Astronomie pour la jeunesse, par Berquin, illustrée de bois dans le texte. 1 vol.

Histoire naturelle pour la jeunesse, par Berquin, illustrée de bois dans le texte. 1 vol.

Contes des fées, par Ch. Perrault, 150 vignettes par Johannot, etc. 1 vol.

Fables de Florian, illustrées d'un grand nombre de bois dans le texte. 1 vol.

Fables de la Fontaine, illustrées d'un grand nombre de vignettes dans le texte. 1 vol.

Le Livre des jeunes filles, par l'abbé de Savigny, 200 bois dans le texte 1 vol.

Le Livre des écoliers, par l'abbé de Savigny, 400 vignettes. 1 vol. (*Ce volume ne se vend pas séparément de la collection.*)

Paul et Virginie, par Bernardin de Saint-Pierre, 100 vignettes par Bertall. 1 vol.

Mystères du collége, par d'Albanès, illustrés de 100 charmantes vignettes dans le texte. 1 vol.

La Pantoufle de Cendrillon, par A. Houssaye, illustrée de 100 vignettes. 1 vol.

Alphabet français, nouvelle Méthode de lecture en 80 tableaux, illustré de 29 gravures, par madame de Lansac. 1 vol.

Les Nains célèbres, par A. d'Albanès, et G. Fath, 100 vignettes. 1 vol.

Histoire d'un pion, par Alphonse Karr, illustrée par Gérard Séguin. 1 vol.

Le Livre des petits enfants, par Balzac, etc., 90 vignettes par Séguin 1 vol.

La Mythologie de la jeunesse, par L. Baudet, 120 vignettes par Séguin 1 vol.

Histoire du véritable Gribouille, par George Sand, 100 vignettes par Maurice Sand. 1 vol.

La Mère Michel et son chat, par Labédollière, vignettes par Bertall 1 vol.

Polichinelle, par Octave Feuillet, vignettes par Bertall. 1 vol.

Les Fées de la mer, par Alph. Karr, illustrées par Lorentz. 1 vol.

Le Royaume des roses, par Arsène Houssaye, illustré par Gérard Séguin. 1 vol.

La Bouillie de la comtesse Berthe, par Alexandre Dumas, 150 vignettes par Bertall. 1 vol.

Trésor des fèves et Fleur des pois, par Charles Nodier, 100 vignettes par Johannot. 1 vol.

Monsieur le Vent et madame la Pluie, par P. de Musset, 120 vignettes par Séguin. 1 vol.

Aventures merveilleuses et touchantes du prince Chènevis et de sa jeune sœur, par Léon Gozlan, 100 vignettes par Bertall. 1 vol.

Le Prince Coqueluche, par Édouard Ourliac, vignettes par Delmas. 1 vol.

Aventures de Tom Pouce, par P.-J. Stahl, 120 vign. par Bertall. 1 vol.

Le Vicaire de Wakefield, traduit par Ch. Nodier, illustré de vignettes dans le texte. 2 vol.

JOLIS VOLUMES GRAND IN-18 ANGLAIS

Brochés, 3 fr. 50 c. — Reliés toile, dorés sur tranche, 5 fr. 50

Silvio Pellico. — Mes Prisons, suivies des Devoirs des hommes. Traduction nouvelle, par le comte H. DE MESSEY. 1 vol. grand in-18 jésus, orné de 8 jolies vignettes sur acier.

Voyages de Gulliver, par SWIFT. Traduction nouvelle, précédée d'une Notice biographique et littéraire par WALTER SCOTT. 1 vol. orné de 8 jolies vignettes.

ŒUVRES DE J.-N. BOUILLY DESTINÉES A LA JEUNESSE

NOUVELLE ÉDITION AVEC VIGNETTES, 8 VOL. GRAND IN-18 JÉSUS FORMAT ANGLAIS

Contes à ma fille. 1 vol.
Conseils à ma fille. 1 vol.
Les Encouragements de la jeunesse. 1 vol.
Contes offerts aux jeunes enfants de France, et les **Jeunes élèves** (réunis). 1 vol.
Contes populaires. 1 vol.
Causeries et **Nouvelles Causeries** (réunis). 1 vol.
Contes à mes petites amies. 1 vol.
Les Jeunes Femmes. 1 vol., orné du portrait de l'auteur.

ŒUVRES DE Mmes SW. BELLOC ET A. MONTGOLFIER

Grave et gai, rose et gris. Troisième édition. 1 vol. grand in-18 jésus (format anglais), orné de 8 lithographies, par LOUIS LASSALLE.

ŒUVRES DE Mme EUGÉNIE FOA

Le Petit Robinson de Paris, ou le Triomphe de l'industrie. Troisième édition. 1 vol. grand in-18 jésus (format anglais), orné de 6 vignettes imprimées à deux teintes.

Contes historiques. Nouvelle édit. 1 vol. grand in-18 jésus, orné de de 6 grav. sur acier.

Six histoires de jeunes filles. Nouvelle édition. 1 vol. grand in-18 jésus, orné de 6 gravures sur acier.

Contes à ma sœur Léonie. Heures de récréation. Nouvelle édition. 1 vol. grand in-18 jésus, orné de 6 vignettes, par LOUIS LASSALLE.

Les Petits Musiciens. Nouvelle édition. 1 vol. grand in-18 jésus (format anglais), orné de 6 lithographies, par LOUIS LASSALLE.

L'AMI DES ENFANTS

Par BERQUIN, 1 vol. grand in-8, illustré de 150 gravures, 10 fr.; relié à l'anglaise, toile, tr. dorées, 14 fr.

ROBINSON SUISSE

Par M. WYSS, avec la suite donnée par l'auteur, traduit de l'allemand par madame ELISE VOIART; précédé d'une Notice de CHARLES NODIER. 1 volume grand in-8 jésus, illustré de 200 vignettes d'après les dessins de M. Ch. Lemercier, 12 fr.

Demi-reliure maroquin, plats en toile, tranche dorée. . . . . . 6 fr.

AVENTURES DE ROBINSON CRUSOÉ

Par DE FOÉ, illustrées par Grandville. 1 beau vol. grand in-8 raisin. Prix : 10 fr.
Reliure toile mosaïque, tranche dorée.................. 4 fr. 50

VOYAGES ILLUSTRÉS DE GULLIVER

Dessins par Grandville. 1 beau vol. in-8, sur papier satiné et glacé. Prix : 10 fr.
Reliure toile mosaïque, tranche dorée................. 4 fr. »

FABLES DE FLORIAN

1 vol. grand in-8, illustré par Grandville de 80 grandes gravures et 25 vignettes dans le texte, 10 fr.
Reliure toile, tranche dorée...................... 4 fr. 50

FABLES DE FLORIAN

Illustrées de 8 bois tirés à part et de dessins sur bois dans le texte, par BATAILLE. 1 vol. grand in-8, 6 fr.
Reliure toile mosaïque, tranche dorée........... 3 fr. 50

AUTOUR DE LA TABLE

Albums petit in-4 illustrés, 5 fr. chaque album.
Reliure toile, tranche dorée. Le volume............... 2 fr. 25
DE LA CHASSE ET DE LA PÊCHE. 1 vol. | DE LA MODE. 110 dessins, 1 vol.
DES RÉBUS. 1 vol. | LE JOUR DE L'AN ET LE RESTE DE L'ANNÉE,
DE CRYPTOGAME. 1 vol. | ill. de 303 caricatures par Cham. 1 vol.

FABLES DE LA FONTAINE

Illustrations de Grandville. 1 superbe vol. grand in-8, sur papier jésus, glacé, satiné, avec encadrement des pages et un sujet à chaque fable. Edition unique par le talent, la beauté et le soin qui y ont été apportés. Prix : 18 fr.; net, 15 fr.
Reliure toile mosaïque, doré sur tranche............. 6 fr.

PAUL ET VIRGINIE

Suivi de la *Chaumière indienne*, par BERNARDIN DE SAINT-PIERRE. 1 beau v. in-12 (format Charpentier) orné de 75 grav. Broché, 3 fr.
Reliure toile, tranche dorée..................... 1 fr. 50

PAUL ET VIRGINIE (ÉDITION FURNE).

Suivi de la *Chaumière indienne*, par J.-H. BERNARDIN DE SAINT-PIERRE. Illustré d'un grand nombre de vignettes sur bois par Tony Johannot, Meissonnier, Français, Isabey, etc., etc.; de sept portraits sur acier et d'une carte de l'île de France; précédé d'une notice historique et littéraire sur Bernardin de Saint-Pierre, par M. C.-A. SAINTE BEUVE, de l'Académie française. Nouvelle édit., augmentée d'un abrégé de la Flore de l'île de France. 1 beau vol. grand in-8, 15 fr.
Reliure, toile mosaïque, tranche dorée............. 5 fr. »

LE VICAIRE DE WAKEFIELD

Par Goldsmith, traduction par Ch. Nodier. Nouvelle édition illustrée de 10 gravures sur acier, par Tony Johannot. 1 vol. grand in-8 jésus, 10 fr.

Reliure toile mosaïque. . . . . 5 fr. 50

REVUE CATHOLIQUE

Recueil illustré d'environ 800 gravures. 1 vol. grand in-8, 5 fr.

Reliure toile, tranche dorée. . . . . 3 fr. 50

BERQUIN

Histoire naturelle pour la jeunesse, illustrée de 12 belles lithographies coloriées, dont 6 sujets de fleurs, oiseaux et papillons, et de 150 bois dans le texte. 1 beau vol. gr. in-8, 8 fr.

Reliure toile mosaïque, tranche dorée. . . . . 12 fr. 50

PAUL ET VIRGINIE (ÉDITION V. LECOU)

Suivi de la *Chaumière indienne*, par Bernardin de Saint-Pierre; nouvelle édition richement illustrée de 120 bois dans le texte et de 14 grav. sur chine, tirées à part. 1 vol. gr. in-8 jésus, 8 fr.

Reliure toile mosaïque, riche plaque spéciale, tr. dorée. . . 5 fr. »
— demi-chagrin, plats en toile, tranche dorée. . . . 5 50

CONTES DES FEES DE CHARLES PERRAULT

Illustrés de 15 lithographies tirées à part et de dessins sur bois par MM. Gavarni, etc, 1 vol. grand in-8, 6 fr.

Reliure toile mosaïque. . . . . 3 fr. 50

MES PRISONS
PAR SYLVIO PELLICO

Suivies du Discours sur les devoirs des hommes, traduction nouvelle par M. le comte H. de Messey, revue par le vicomte Alban de Villeneuve; précédées d'une introduction contenant des détails biographiques entièrement inédits sur l'auteur, sur ses compagnons de captivité, sur les prisons d'Etat, par M. V. Philippon de la Madeleine.

Quatre-vingts vignettes sur acier, gravées d'après les dessins de MM. Gerard Seguin, Trimolet, Steinheil, Daubigny, etc., avec fleurons et culs-de-lampe gravés sur bois. 1 vol. grand in-8, 12 fr.

Reliure toile mosaïque, tr. dorées, *en sus*. . . . . 5 fr.

SILVIO PELLICO

Mes prisons, traduction de M. Antoine de Latour, illustrées par Tony Jhannot de 100 beaux dessins gravés sur bois. Nouvelle édition. Paris, 1855. 1 vol. grand in-8 jésus vélin, glacé, satiné, relié toile, tranche dorée, plaque spéciale, 15 fr.

FABLES DE LACHAMBAUDIE

Précédées d'une introduction par Béranger; illustrées de 14 grav. sur acier, du portrait de l'auteur et de jolies vignettes dans le texte. 1 magnifique vol. grand in-8, 10 fr. (*Ouvrage couronné par l'Académie.*)
 Reliure toile mosaïque, plaque spéciale, tranche dorée.. . . . . 4 fr. 50

HISTOIRE DE L'AMÉRIQUE

Par J.-H. Campe, précédée d'un Essai sur la vie et les ouvrages de l'auteur, par Ch. Saint-Maurice. 1 vol. grand in-8 raisin, illustré de 120 bois dans le texte et à part, 10 fr.
 Reliure toile mosaïque, tranche dorée.. . . . . 4 fr. 50
 — toile, tranche dorée. . . . . 4 »

PREMIERS VOYAGES EN ZIGZAG
EXCURSIONS D'UN PENSIONNAT EN VACANCES DANS LES CANTONS SUISSES ET SUR LE REVERS ITALIEN DES ALPES

Par R. Topffer, magnifiquement illustrés, d'après les dessins de l'auteur, de 54 grands dessins par Calame, et d'un grand nombre de bois dans le texte; nouvelle édition, imprimée par Plon frères. 1 vol. grand in-8 jésus, papier glacé satiné, 12 fr.
 Reliure toile mosaïque, riche plaque spéciale. tr. dor.. . . . . . 6 fr. »
 — demi-chagrin, plats toile, tranche dorée.. . . . . . . 6 »

NOUVEAUX VOYAGES EN ZIGZAG
A LA GRANDE CHARTREUSE, AU MONT BLANC, DANS LES VALLÉES D'HERENZ, DE ZERMATT, AU GRIMSEL ET DANS LES ÉTATS SARDES

Par R. Topffer, splendidement illustrés de 48 gravures sur bois tirées à part et de 320 sujets dans le texte, dessinés d'après les dessins originaux de Topffer, par MM. Calame, Karl Girardet, Français, d'Aubigny, de Bar, Forest, Hadamar, Elmeric, Stopp. Gagnet, Veyrassat, et gravés par nos meilleurs artistes. 1 vol. gr. in-8 jésus, papier glacé sat., imprimé par Plon frères, 16 fr.
 Reliure toile mosaïque, riche plaque spéciale tranche dorée. . . . . 6 fr »
 — demi-chagrin, plats toile, tr. dorée. . . . . 6 »

LES NOUVELLES GENEVOISES

Par Topffer, illustrées d'après les dessins de l'auteur, au nombre de 610 dans le texte et 40 hors texte; gravures par Best, Leloir, Hotelin et Régnier. 1 charm. v. in-8 raisin. Prix broché, 12 fr. 50

LA BRETAGNE

Par J. Janin, illustrée de belles vignettes sur acier, de planches d'armoiries, de costumes coloriés, tirés à part, et d'un grand nombre de vignettes sur bois dans le texte. 1 beau vol. grand in 8 jésus. 20 fr.
 Reliure en toile mosaïque, plaque spéciale, tranche dorée. . . 6 fr. »

BIBLIOTHEQUE CHOISIE

Collection des meilleurs ouvrages français et étrangers, anciens et modernes, format grand in-18 (dit anglais), papier jésus vélin. Cette collection est divisée par séries. La première et la deuxième séries contiennent des volumes de 400 à 500 pages, au prix de 3 fr. 50 c. le vol., pour la première série, et net 2 fr. 75 c. pour la deuxième série. La troisième série est composée de volumes de 250 pages environ, à 1 fr. 75 c. le vol. La majeure partie des volumes est ornée d'une vignette ou d'un portrait sur acier.

OUVRAGES PUBLIÉS

1re Série. — Volumes à 3 fr. 50 cent.

ŒUVRES DE J. REBOUL, de Nîmes : Poésies diverses; le Dernier Jour, poëme. 1 vol. avec portrait.

SAINTE-BEUVE. Etude sur Virgile, suivie d'une Etude sur Quintus de Smyrne. 1 vol.

MARIE, LA FLEUR D'OR, PRIMEL ET NOLA, par A. Brizeux. 1 vol.

RAPHAEL. Pages de la vingtième année, par A. de Lamartine. 3e édit., 1 vol.

HISTOIRE INTIME DE LA RUSSIE sous les empereurs *Alexandre* et *Nicolas*, par J.-M. Schnitzler. 2 forts vol.

LETTRES SUR LA RUSSIE. 2e édition entièrement refondue et considérablement augmentée, par X. Marmier. 1 vol.

LETTRES SUR LE NORD. Danemark, Suède, Norvége, Laponie et Spitzberg, par X. Marmier. 1 vol. avec 2 jolies vignettes.

DU DANUBE AU CAUCASE, voyages et littérature, par X. Marmier. 1 vol.

LES PERCE-NEIGE, nouvelles du Nord, traduites par X. Marmier, auteur des *Lettres sur la Russie*. 1 vol.

DICTIONNAIRE DU PÊCHEUR, traité de la pêche en eau douce et en eau salée, par Alphonse Karr. 1 vol.

ŒUVRES COMPLÈTES D'OSSIAN, nouvelle traduction, par A. Lacaussade. 1 vol.

CORRESPONDANCE DE JACQUEMONT avec sa famille et plusieurs de ses amis pendant son voyage dans l'Inde (1828-1832). Nouvelle édition, augmentée de lettres inédites et d'une carte. 2 vol.

CAUSERIES DU LUNDI, par M. Sainte-Beuve, de l'Académie française. Ce charmant recueil, renfermant des appréciations aussi justes que spirituelles sur les personnages les plus éminents, se compose de 12 vol. grand in-18. Chaque volume, contenant des articles complets, se vend séparément.

SCÈNES D'ITALIE ET DE VENDÉE, par J. Crétineau-Joly. 1 vol. in-18.

CURIOSITÉS DRAMATIQUES ET LITTÉRAIRES, par M. Hippolyte Lucas. 1 vol.

ŒUVRES DE E.-T.-A. HOFFMANN, traduites de l'allemand par Loeve-Weimar. Contes fantastiques. 2 vol.

ORATEURS ET SOPHISTES GRECS. Choix de harangues, d'éloges funèbres, de plaidoyers criminels et civils, etc. 1 vol.

BALLADES ET CHANTS POPULAIRES DE L'ALLEMAGNE. Traduction nouvelle, par Séb. Albin. 1 vol.

ESSAIS D'HISTOIRE LITTÉRAIRE, par M. Géruzez. 2 vol. 1er volume. *Moyen âge et Renaissance*. 2e volume : *Temps modernes*.

LA MUSIQUE ANCIENNE ET MODERNE, par Scudo. Nouveaux mélanges de critique et de littérature musicales. 1 vol.

COURS D'HYGIÈNE, par le docteur A. Tessereau, professeur d'hygiène; ouvrage couronné par l'Académie impériale de médecine. 1 vol.

ÉLÉMENTS DE L'ÉCONOMIE POLITIQUE, exposé des notions fondamentales de cette science et de l'organisation économique de la société, par Joseph Garnier, professeur à l'Ecole des ponts et chaussées. 3e édition française, refondue et augmentée. 1 vol. grand in-18 anglais.

GARNIER. Du principe de population. 1 v.

MÉLANGES DE MORALE ET D'ÉCONOMIE POLITIQUE, par Benjamin Franklin. 1 vol. in-18.

ÉCONOMIE POLITIQUE ou Principes de la science des richesses, par Joseph Droz. 3e édition. 1 vol. in-18.

ESSAI SUR LA PHILOSOPHIE SOCIALE, par Ch. Dolfus. 1 vol. grand in-18.

VIES DES DAMES GALANTES, par le seigneur de Brantôme. Nouvelle édition, revue et corrigée sur l'édition de 1740, avec des remarques historiques et critiques. 1 vol.

NOUVEAU SIÈCLE DE LOUIS XIV, ou choix de chansons historiques et satiriques presque toutes inédites, de 1654 à 1712, accompagnées de notes, par le traducteur de la *Correspondance de Madame*, duchesse d'Orléans. 1 vol. grand in 18.

LÉGENDES DU NORD, par MICHELET. 1 vol.

EXCURSION EN ORIENT, l'Égypte, le mont Sinaï, l'Arabie, la Palestine, la Syrie, le Liban, par le comte CH. DE PARDIEU. 1 vol.

ÉDUCATION PROGRESSIVE, ou Etude du cours de la vie, par madame NECKER DE SAUSSURE. 2 vol. Ouvrage qui a obtenu le prix Montyon.

JÉRUSALEM DÉLIVRÉE, traduction en prose, par M. V. PHILIPPON DE LA MADELEINE, membre de la Société de l'Histoire de France, etc., augmentée d'une description de Jérusalem, par M. DE LAMARTINE, de l'Académie française. 1 vol.

LETTRES ADRESSÉES A M. VILLEMAIN, secrétaire perpétuel de l'Académie française, sur la *Méthode* en général et sur la définition du mot *fait*, etc., par M. E. CHEVREUL, de l'Académie des sciences. 1 vol.

2ᵉ série. — Volumes, au lieu de 3 fr. 50 c., net, 2 fr. 75 c.

MESSIEURS LES COSAQUES, par MM. TAXILE DELORD, CLÉMENT CARAGUEL, et LOUIS HUART. 100 vignettes par Cham. 2 vol.

ES MONDES NOUVEAUX, voyage anecdotique dans l'océan Pacifique, par PAULIN NIBOYET. 1 vol. in-18.

HISTOIRE LITTÉRAIRE française et étrangère, etc., par GIRAULT DE SAINT-FARGEAU. 1 vol. in-18.

LES HOMMES ET LES MŒURS EN FRANCE, sous le règne de Louis-Philippe, par HIPPOLYTE CASTILLE. 1 vol.

HORACE, JUVÉNAL ET PERSE, œuvres complètes, trad. par NISARD. 1 vol.

TÉRENCE, trad. par NISARD. 1 vol.

HENRI MONNIER. Scènes populaires, etc. 2 vol.

LA RAISON DU CHRISTIANISME, où Preuves de la vérité de la religion, par DE GENOUDE. 6 vol.

ROMANS, CONTES ET NOUVELLES, par ARSÈNE HOUSSAYE. 2 vol.

DEVANT LES TISONS, par ALPHONSE KARR. 1 vol.

VOYAGE EN BULGARIE, par BLANQUI. 1 vol. in-18.

LA LIGUE, scènes historiques, par VITET. Les barricades, mort de Henri III, les Etats de Blois. 2 vol. in-18.

LETTRES SUR L'ANGLETERRE (Souvenirs de l'Exposition universelle), par EDMOND TEXIER. 1 vol. grand in-18.

ŒUVRES POLITIQUES DE MACHIAVEL. Traduction revue et corrigée, contenant le *Prince* et le *Discours sur Tite-Live*. 1 vol.

MÉMOIRES, CORRESPONDANCE ET OUVRAGES INÉDITS DE DIDEROT, publiés sur les manuscrits confiés en mourant par l'auteur à GRIMM. 2 vol.

VOYAGES DE GULLIVER, par SWIFT. Trad. nouvelle, précédée d'une notice biographique et littéraire par WALTER SCOTT. 1 vol.

3ᵉ série. — Volumes, au lieu de 3 fr. 50 c., net, 1 fr. 75 c.

ROSA ET GERTRUDE, par R. TOPFFER, précédées de notices sur la vie et les ouvrages de l'auteur, par MM. SAINTE-BEUVE et DE LA RIVE. 1 vol.

RÉFLEXIONS ET MENUS PROPOS D'UN PEINTRE GENEVOIS, ou Essai sur le beau dans les Arts; œuvres posthumes de R. TOPFFER, précédées d'une notice sur sa vie et ses ouvrages. 2 vol.

SYLVIO PELLICO, *Mes Prisons*, traduites par le comte de MESSEY. 1 vol. in-18.

BOCCACE. Contes. 1 vol. grand in-18.

MÉMOIRES COMPLETS ET AUTHENTIQUES DU DUC DE SAINT-SIMON, sur le siècle de Louis XIV et la Régence, publiés sur le manuscrit original entièrement écrit de la main de l'auteur, ex-pair de France, etc. Nouv. édit., revue et corrigée. 40 vol.; dont 2 de tables, avec 38 portraits gravés sur acier.

SOUVENIRS DE LA MARQUISE DE CRÉQUI (1718-1803). Nouv. édit., revue, corrigée et augmentée de notes. 10 vol. avec gravures sur acier.

HISTOIRE DE NAPOLÉON, par Elias Regnault, ornée de 8 gravures sur acier d'après Raffet et de Rudder. 4 vol. gr. in-18 jésus, contenant la matière de 8 v. in-8.

CONGRÈS DE VÉRONE. Guerre d'Espagne, négociations, colonies espagnoles, par Chateaubriand. 2 vol.

L'HOMME AUX TROIS CULOTTES, par Paul de Kock. 1 vol.

JOLIE FILLE DU FAUBOURG, par le même. 1 vol.

ŒUVRES DE GEORGE SAND

INDIANA. 1 vol.
JACQUES. 1 vol.
LE SECRÉTAIRE INTIME, LEONE-LEONI. 1 v.
ANDRÉ, LA MARQUISE, METELLA, LAVINIA, MATTÉA. 1 vol.
LÉLIA ET SPIRIDION. 2 vol.
LA DERNIERE ALDINI, LES MAITRES MOSAISTES. 1 vol.
SIMON, L'USCOQUE. 1 vol.
LE COMPAGNON DU TOUR DE FRANCE. 1 v.
MÉLANGES. 1 vol.
HORACE. 1 vol.

4ᵉ Série. — Volumes au lieu de 3 fr. 50 c. et 1 fr. 75 c., net 1 fr. 25 cent.

APPLICATION DE LA GÉOGRAPHIE A L'HISTOIRE, ou Étude élémentaire de géographie et d'histoire générale comparées, par Edouard Braconnier, membre de l'Université et de plusieurs Sociétés savantes. Ouvrage classique, précédé d'une Introduction, par Bescherelle aîné, de la Bibliothèque du Louvre. 2 beaux vol.

DE L'INSTRUCTION PUBLIQUE EN FRANCE, par E. de Girardin. 1 vol.

MÉMORIAL DE SAINTE-HÉLÈNE, par le comte de Las Cases. Nouvelle édition, revue par l'auteur. 9 vol., 9 grav.

COMÉDIES DE S. A. R. LA PRINCESSE AMÉLIE DE SAXE, traduites de l'allemand, par Pitre-Chevalier. 1 vol. avec portrait.

FABLES LITTÉRAIRES, par D. Thomas de Iriarte, traduites en vers de l'espagnol par C. Lemesle, précédées d'une introduction par Emile Deschamps. 1 v. avec vignette.

L'ANE MORT ET LA FEMME GUILLOTINÉE, par Jules Janin. 1 vol avec vign.

LE CHEVALIER DE SAINT-GEORGES, par Roger de Beauvoir. 2ᵉ édition. 1 vol. avec vignettes.

FRAGOLETTA, NAPLES ET PARIS EN 1799, par H. de Latouche. Nouv. édit. 2 vol. ornés de deux vignettes.

UNE SOIRÉE AU THÉATRE-FRANÇAIS (24 avril 1841) : le Gladiateur, le Chêne du roi, par Alex. Soumet et madame Gabrielle d'Altenheim. 1 vol.

LE MAÇON, mœurs populaires, par Michel Raymond. 2 vol. avec vign.

FORTUNIO, par Théophile Gautier. 1 v. orné d'une vignette.

DE BALZAC. REVUE PARISIENNE. Nouvelles et profils critiques des auteurs contemporains. 3 vol. réunis en 1 fort vol. in-32.

VOYAGE A VENISE, par Arsène Houssaye. 1 vol. in-18, imprimé sur papier vélin.

LES SATIRIQUES DES DIX-HUITIÈME ET DIX-NEUVIÈME SIÈCLES. Première série contenant Gilbert, Despaze, M. J. Chénier, Rivarol. Satires diverses. 1 vol.

ŒUVRES DE M. FLOURENS

SECRÉTAIRE PERPÉTUEL DE L'ACADÉMIE DES SCIENCES, MEMBRE DE L'ACADÉMIE FRANÇAISE, ETC.

Il serait inutile d'insister ici sur le mérite des œuvres de M. Flourens. Leur succès et leur débit en disent plus que tous les éloges. Le succès populaire ne leur est pas moins assuré que le succès scientifique.

Histoire de la découverte de la circulation du sang. 2ᵉ édition, revue, corrigée et augmentée. 1 vol. grand in-18 anglais. . . . 3 fr. 50

Recueil des Éloges historiques lus dans les séances publiques de l'Académie des sciences. 2 vol. grand in-18 anglais à. . . . . . . 3 fr. 50

De la Longévité humaine et de la quantité de vie sur le globe. 3ᵉ édition, revue et augmentée. 1 vol. grand in-18 anglais. Prix. . . . . 3 fr. 50

Histoire des travaux et des idées de BUFFON. 2ᵉ édition, revue et augmentée. 1 vol. grand in-18 anglais. Prix. . . . . 3 fr. 50

Cuvier. — Histoire de ses travaux. 2ᵉ édition, revue et augmentée. 1 vol. grand in-18. Prix. . . . . 3 fr. 50

Fontenelle, ou de la philosophie moderne relativement aux sciences physiques. 1 vol. grand in-18 anglais. Prix. . . . . 2 fr. »

De l'Instinct et de l'intelligence des animaux. 3ᵉ édition entièrement refondue et augmentée. 1 vol. grand in-18 anglais. Prix. . . . . . . 2 fr. »

Examen de la Phrénologie. 3ᵉ édition, augmentée d'un Essai physiologique sur la folie. 1 vol. grand in-18 anglais Prix. . . . . . 2 fr. »

ŒUVRES DE RABELAIS

Augmentées de plusieurs fragments et de deux chapitres du cinquième livre restitués d'après un manuscrit de la Bibliothèque impériale, et précédées d'une notice historique sur la vie et les ouvrages de Rabelais. Nouvelle édition revue sur les meilleurs textes, et particulièrement sur les travaux de J. LE DUCHAT, de S. DE L'AULNAYE, et de P.-L. JACOB, bibliophile; éclaircie, quant à l'orthographe et à la ponctuation, accompagnée de notes succinctes et d'un glossaire, par LOUIS BARRÉ, ancien professeur de philosophie. 1 fort volume grand in-18, papier glacé satiné, de 650 pages. 3 fr. 50 c.

ANACRÉON

Traduit en vers par M. HENRY VESSERON, édition nouvelle. 1 volume grand in-18. 2 fr.

TRAITÉ DE CHIMIE APPLIQUÉE AUX ARTS

Par M. DUMAS, sénateur, ancien ministre, membre de l'Académie des sciences, et de l'Académie de médecine, etc. 8 vol. in-8 et 2 atlas in-4, édition de Liége, introduite en France avec l'autorisation de l'auteur. 150 fr., net 125 fr.

Cet ouvrage, dont l'édition française est aujourd'hui totalement épuisée, et que recommande si puissamment le nom de M. Dumas, fait autorité dans la science. Il est indispensable aux industriels comme aux savants. C'est un livre essentiellement pratique où les fabricants puiseront les plus utiles notions sur toutes les applications de la chimie. Le traité de M. Dumas a jeté une vive lumière sur cet intéressant sujet, et son succès est aujourd'hui européen.

HEURES DE L'ENFANCE

Poésies religieuses, poésies récréatives et méditations, illustrées de jolies vignettes sur acier, encadrements, lettres ornées, fleurons, frontispices, or et couleur. 1 vol. in-8, 8 fr.; net, 6 fr. 50 c.; reliure toile mosaïque, 3 fr. 50.

TRADUCTIONS NOUVELLES
DES AUTEURS LATINS
AVEC LE TEXTE EN REGARD
OU
BIBLIOTHÈQUE LATINE-FRANÇAISE
PUBLIÉE PAR M. C.-L.-F. PANCKOUCKE

CHAQUE AUTEUR SE VEND SÉPARÉMENT

Au lieu de SEPT francs le volume in-8, TROIS francs CINQUANTE cent.

Papier des Vosges, non mécanique, caractères neufs.

Nous avons l'honneur de prévenir MM. les amateurs de livres que nous venons d'acquérir la BIBLIOTHÈQUE LATINE, dite de PANCKOUCKE, formée des principaux auteurs latins : cette collection a acquis, dans le monde savant, une haute réputation, tant par la fidélité de la traduction et par l'exactitude du texte qui se trouve en regard que par les notices et les notes savantes qui l'accompagnent, et surtout par la précision de leurs rédactions. Nous avons diminué de moitié le prix de publication de chaque volume, composé de 30 à 35 feuilles in-8°.

La plupart de ces ouvrages, convenables aux études des colléges, sont adoptés par le Conseil de l'Université.

PREMIÈRE SÉRIE
ŒUVRES COMPLÈTES DE CICÉRON
TRADUITES EN FRANÇAIS. 36 VOL. IN-8

Les *Œuvres complètes de Cicéron*, publiées au prix de 7 fr. le volume, ont été jusqu'ici d'une acquisition difficile. Nous avons pensé en assurer le débit et les rendre accessibles à tous les amateurs de la belle et grande latinité, au moyen d'un rabais considérable sur le prix de l'ouvrage. Les *Œuvres de Cicéron* doivent figurer au premier rang dans la bibliothèque de tout homme lettré ; mais beaucoup d'acheteurs reculaient devant une acquisition très-coûteuse. En faciliter l'achat et le rendre désirable par l'attrait du bon marché est donc une combinaison qui ne peut manquer de réussir. — Cette édition est celle de la bibliothèque Panckoucke, dont nous sommes acquéreurs.

ŒUVRES COMPLÈTES DE TACITE
TRADUITES EN FRANÇAIS. 7 VOL. IN-8

Tacite, signalé par Racine comme le plus grand peintre de l'antiquité, est un des auteurs latins qu'on recherche le plus, et dont les œuvres sont d'un débit constant et assuré. Cette édition est fort estimée, soit pour la traduction, soit pour la correction du texte. Le format (bibliothèque Panckoucke) en est commode et maniable.

ŒUVRES COMPLÈTES DE QUINTILIEN

TRADUITES EN FRANÇAIS. 6 VOL. IN-8

Les *Œuvres de Quintilien* font loi en matière de critique comme en matière d'éducation. Elles s'adressent donc à un grand nombre de lecteurs, et le bon marché, de même que l'excellence de la traduction, doit en faciliter la vente.

Nous appelons spécialement l'attention sur ces trois derniers ouvrages, si indispensables à tous ceux qui s'occupent de latinité, et mis par leur prix réduit, à la portée d'un grand nombre d'acheteurs. Il n'est point d'avocat qui ne soit désireux, par exemple, d'acquérir les *Œuvres de Cicéron*, jadis si coûteuse, et maintenant réduites à la plus simple expression du bon marché.

Tacite, traduction nouvelle par M. C.-L.-F. PANCKOUCKE...... 7 v.
(Chaque partie se vend séparément 4 fr. le vol.)
T. 1,2,3. *Annales*, avec une planche gravée.
T. 4 et 5. *Histoires*.
Tome 6. { *La Germanie.* / *Vie de Julius Agricola.* / *Des Orateurs.* }
Tome 7. Nouvel index. — Diss. sur les Mss. Bibliographie de près de 1,100 éditions de Tacite. — Deux planches *fac simile*.

César, trad. nouv. par M. ARTAUD, insp. de l'Acad. de Paris, avec une Notice par M. LAYA, de l'Académie française.................. 5 v.

Justin, traduct. nouv. par MM. J. PIERROT, ex-proviseur du collège royal de Louis-le-Grand, et BOITARD, avec une notice par M. LAYA. 2 v.

Florus, trad. nouv. par M. RACON, prof. d'histoire, avec une Notice par M. VILLEMAIN, de l'Académie française................... 1 v.

Velleius Paterculus, trad. nouv. par M. DESPRÉS.......... 1 v.

Valère-Maxime, trad. nouv. par M. FRÉMION, professeur au lycée Charlemagne............ 5 v.

Pline le jeune, trad. nouv. de DE SACY, revue et corrigée par M. J. PIERROT............ 3 v.

Cicéron, ŒUVRES COMPLÈTES...36 v.
(Chaque partie se vend séparément 4 fr. le vol.)

Tomes

1 { *Histoire de Cicéron*, par M. DE GOLBÉRY. / *Rhétorique à Herennius*, par M. DELCASSO, professeur au lycée impérial de Strasbourg. } 1 v.

2 { *L'Invention*, par MM. CHARPENTIER, inspecteur de l'Académie, et E. GRESLOU. } 1 v.

3-4 { *De l'Orateur*, par M. ANDRIEUX, de l'Acad. franç. / *Dialogues sur les Orateurs illustres*, par M. DE GOLBÉRY. } 2 v.

5 { *L'Orateur*, par M. AGNANT, professeur de rhétorique au collège roy. de Bourges. / *Les Topiques*, par M. DELCASSO. / *Les Partitions Oratoires*, par M. BOMPART. / *Des Orateurs parfaits*, par M. E. GRESLOU. } 1 v.

6-17 { *Oraisons*, par MM. GUÉROULT jeune, J.-N.-M. DE GUERLE, CH. DU ROZOIR. } 12 v.

18-26 { *Lettres: Lettres à Brutus; Lettre à Octave; Fragments*, par MM. DE GOLBÉRY et J. MANGEART, prof. de philosophie au collège de Valenciennes. } 9 v.

27-29 { *Académiques*, par M. DELCASSO. / *Des vrais Biens et des vrais Maux*, par M. STIÉVENART, professeur à la Faculté des Lettres de Dijon. / *Les Tusculanes*, par M. MATTER, insp. gén. des études. } 3 v.

30 { *De la nature des Dieux*, par M. MATTER. } 1 v.

31 { *De la Divination*, par M. DE GOLBÉRY. / *Du Destin*, par M. J. MANGEART. } 1 v.

32 { *Des Devoirs*, par M. STIÉVENART. / *Dialogue sur la Vieillesse*, par M. J. PIERROT. } 1 v.

33	*Dialogue sur l'Amitié*, par M. J. Pierrot. *Paradoxes*, par M. Péricaud, bibliot. de la ville de Lyon. *Demande du Consulat*, par M. L. Chevalier, professeur de philosophie. *Consolation*, par M. J. Mangeart.	1 v.	Charpentier, Chasles, Daru, Féletz, de Guerle, Léon Halevy, Liez, Naudet, Ouizille, C.-L.-F. Panckoucke, Ernest Panckoucke, de Pongerville, du Rozoir, Alphonse Trognon....... 2 v. **Juvénal**, trad. de M. Dusaulx, revue par M. J. Pierrot........ 2 v
34	*Du Gouvernement*, par M. Liez. *Sur l'Amnistie*, par M. J. Mangeart.	1 v.	**Perse, Turnus, Sulpicia**, trad. nouv. par M. A. Pierrot, ex-prof. au collège royal de St-Louis. 1 v. **Ovide**, *Métamorphoses*, par M. Gros, inspecteur de l'Académie. 3 v.
35	*Des Lois*, par M. Charpentier. *Fragments des Douze-Tables.* *Discours au peuple et aux chevaliers romains après son exil*, par M. J. Mangeart.	1 v.	**Lucrèce**, trad. nouv. en prose, par M. de Pongerville, de l'Acad. française, avec une Notice et l'Exposition du système d'Epicure, par M. Ajasson de Grandsagne.. 2 v.
36 et dernier	*Invectives de Salluste contre Cicéron, et Réponse de Cicéron à Salluste*, par M. Péricaud. *Timée; Protagoras; l'Économique*, p. M. J. Mangeart. *Phénomènes d'Aratus; Fragments des Poëmes*, par M. Ajasson de Grandsagne. *Fragments des Oraisons*, par M. du Rozoir; *Fragm. des ouvrages philosophiques, etc.*, par M. E. Greslou. *Tableau Synchronique de la Vie et des Ouvrages de Cicéron*, par A. Lucas.	1 v.	**Claudien**, traduct. nouvelle, par MM. Héguin de Guerle et Alph. Trognon.................... 2 v. **Valerius Flaccus**, trad. pour la première fois en prose par M. Caussin de Perceval, membre de l'Institut............... 1 v. **Stace**, traduction nouvelle : Tome 1... { *Silves*, par MM. Rinn, prof. au coll. Rollin, et Achaintre...... T. 2, 3, 4. { *La Thébaïde*, par MM. Achaintre et Boutteville, professeur. *L'Achilléide*, par M. Boutteville...... } 4 v.
	Quintilien, traduct. nouv. par M. Ouizille, chef de bureau au ministère de l'intérieur........	6 v.	**Phèdre**, trad. nouv. par M. E. Panckoucke. — Avec un *fac-simile* du manuscrit découvert à Reims, par le P. Sirmond, en 1608. 1 v.
	Horace, trad. nouv. p. MM. Amar, Andrieux, Arnault, Bignan,		

DEUXIÈME SÉRIE

Les auteurs désignés par un * *sont traduits* POUR LA PREMIÈRE FOIS *en français.*

Poetæ Minores : Arborius*, Calpurnius, Eucheria*, Gratius Faliscus, Lupercus Servastus*, Nemesianus, Pentadius*, Sabinus*, Valerius Cato*, Vestritius Spurinna* et le *Pervigilium Veneris*; trad. de M. Cabaret-Dupaty, professeur au lycée de Grenoble. 1 v.

Jornandès, traduct. de M. Savagnier, professeur d'histoire en l'Université................... 1 v.

Censorinus*, trad. de M. Mangeart, ancien professeur de philosophie; — **Julius Obsequens, Lucius Ampellius***, trad. de M. Verger, de la Bibliothèque impériale...... 1 v.

Ausone, traduction de M. E.-F. Corpet.................. 2 v.

P. Mela, Vibius Sequester*, **Ethicus Ister***, **P. Victor***, trad. de M. Louis Baudet, professeur......... 1 v.

R. Festus Avienus*, **Cl. Rutilius Numatianus**, etc., trad. de MM. Eug. Despois et Ed. Saviot, anciens élèves de l'École normale................ 1 v.

Varron, *Écon. rurale*, trad. de M. Rousselot, profess........ 1 v.

Eutrope, Messala Corvinus*, **Sextus Rufus**, traduction de M. N.-A. Dubois, professeur................ 1 v.

Palladius, *Econ. rurale*, trad. de M. Cabaret-Dupaty, profess. 1 v.
Histoire Auguste, tome Ier - **Spartianus**, **Vulcatius Gallicanus**, **Trebellius Pollion**, trad. de M. Fl. Legay, profess. au collège Rollin.
— Tome II : **Lampridius**, traduction de M. Laas d'Aguen, membre de la Société asiatique ; — **Flavius Vopiscus**, trad. de MM. Taillefert, profes. au lycée de Vendôme, et J. Chenu.
— Tome III : **Julius Capitolinus**, traduct. de M. Valton, profess. au lycée de Charlemagne. 3 v.
Columelle, *Econom. rurale*, trad. de M. Louis Dubois, auteur de plusieurs ouvrages d'agriculture, de littérature et d'histoire.. 3 v.
C. Lucilius, trad. de M. E.-F. Corpet ; — **Lucilius junior**, **Salius Bassus**, **Cornelius Severus**, **Avianus**, **Dionysius Caton**, traduct. de M. Jules Chenu............ 1 v.
Priscianus, trad. de M. Corpet ; — **Serenus Sammonicus**, **Macer**, **Marcellus**, traduct. de M. Baudet.. 1 v.
Macrobe, t. Ier (*Les Saturnales*, t. Ier), traduit de M. Ubicini Martelli ; — t. IIe (*Les Saturnales*, t. II), traduct. de M. Henri Descamps ; — t. IIIe et dernier (*De la différence des verbes grecs et latins ; Commentaire du Songe de Scipion*), traduct. de MM. Laas d'Aguen et N.-A. Dubois....... 3 v.
Sextus Pompeius Festus, traduction de M. Savagner...... 2 v.
Aulu-Gelle, t. Ier, traduct. de M. E. de Chaumont, profess. au lycée d'Angoulême. — T. IIe, traduct. de M. Félix Flambart, profess. au lycée d'Angoulême. — T. IIIe, trad. de M. Buisson, docteur en droit, avoué au tribunal de Meaux................. 3 v.
(Ne se vend pas séparément de la collection.)
C.-J. Solin, trad. de M. Alp. Agnant, ancien élève de l'Ecole normale, agrégé des classes supérieures.................. 1 v.
Vitruve, *Architecture*, avec de nombreuses figures pour l'intelligence du texte, traduction de M. Ch.-L. Maufras, profess. au collège Rollin............... 2 v.
Frontin, *Les Stratagèmes et les Aqueducs de Rome*, traduction de M. Ch. Bailly, principal du collège de Vesoul................ 1 v.
Sulpice Sévère, traduction de M. Herbert. — **Paulin de Périgueux**, **Fortunat**, trad. de M. E.-F. Corpet...... 2 v.
(Cet ouvrage ne se vend pas séparément.)
Sextus Aurelius Victor, trad. de M. N.-A. Dubois, profess. 1 v.

Total des volumes.... 33 v.

Il pourra arriver qu'un ou plusieurs ouvrages seront épuisés au jour de la réception des demandes. Nous croyons devoir prévenir que, dans ce cas, nous expédierons néanmoins les autres ouvrages en notre possession.

N. B. Il existe encore dans nos magasins trois ou quatre collections complètes de la Bibliothèque latine, composée de 211 volumes, au prix de 1,055 fr.

ŒUVRES COMPLÈTES D'HORACE

Traduites en français par les traducteurs de la collection Panckoucke ; nouvelle édition enrichie de notes explicatives, accompagnée du texte latin, précédée d'une étude sur *Horace*, par M. H. Rigault, professeur de rhétorique au Lycée Louis-le-Grand. 1 vol. grand in-18, 3 fr. 50 c.

ŒUVRES COMPLÈTES DE SALLUSTE
(DE LA COLLECTION PANCKOUCKE)

Avec la traduction française de Du Rozoir, revue par MM. Charpentier, inspecteur de l'Académie de Paris, et Félix Lemaistre ; précédées d'un nouveau travail sur Salluste, par Ch. M. Charpentier. 1 vol. grand in-18, 3 fr. 50 c.

ŒUVRES CHOISIES D'OVIDE

Les *Amours*, l'*Art d'aimer*, etc., traduction française de la collection Panckoucke, avec un travail nouveau par Félix Lemaistre. 1 volume grand in-18, 3 fr. 50 c.

Ces deux ouvrages, mis par leur prix modique à la portée de tous les acheteurs, sont évidemment destinés à un grand succès et partageront la vogue de l'Horace déjà publié. Le soin le plus scrupuleux, l'attention la plus vigilante, ont présidé à la révision du texte et des traductions.

LES CLASSIQUES LATINS
(FRANÇAIS ET LATIN.)

Format in-24 sur jésus (ancien in-12); publiés sous la direction de M. Lefèvre.—Prix de chaque vol., 3 fr. 50 c.; net 2 fr. 50 c.

ŒUVRES COMPLÈTES DE VIRGILE. Trad. par Pongerville. 2ᵉ édit. 2 vol.

JUVÉNAL ET PERSE. Les satires de Juvénal. Traduction de Dussaulx, revue et corrigée. Les Satires de Perse, traduction nouvelle par M. Collet. 1 vol.

LUCRÈCE. Traduction de Pongerville, de l'Académie française. 1 vol.

TACITE. Traduction de Dureau de la Malle, revue et corrigée, augmentée de la Vie de Tacite, du Discours préliminaire de Dureau de la Malle, des Suppléments de Brottier. 3 vol.

TÉRENCE. Ses comédies. Traduction nouvelle avec des notes, par M. Collet. 1 vol. de plus de 600 pages.

PLAUTE. Son Théâtre. Trad. de M. Naudet, de l'Académie des inscriptions et belles-lettres. 4 vol.

PLINE L'ANCIEN. L'Histoire des Animaux, traduction de Guéroult, augmentée de sommaires et de notes nouvelles. 4 vol. de près de 700 pages.

MORCEAUX EXTRAITS DE PLINE le naturaliste, traduction de Guéroult, augmentée de sommaires et de notes nouvelles. 1 vol.

Q. HORATII FLACCI

Opera omnia ex recensione Joannis Gasparis Orelli. 1 vol. in-24, édition Lefèvre. 1851. 4 fr.; net 3 fr.

Édition recommandable par l'exécution typographique et la correction du texte.

NOUVELLE
COLLECTION DES CLASSIQUES FRANÇAIS
DIRIGÉE PAR M. AIMÉ MARTIN

Format in-24 jésus (ancien in-12), 2 francs 50 centimes le volume.

MONTAIGNE. Ses Essais et ses Lettres, avec : 1° la traduction des citations grecques, latines, italiennes, par M. Victor Leclerc, de l'Instit. de France, etc.; 2° les notes ou remarques de tous les commentateurs : Coste, Naigeon, A. Duval, MM. E. Johanneau, Victor Leclerc; 3° une table analytique des matières. 5ᵉ édit. 5 vol.

P. CORNEILLE. Ses chefs-d'œuvre dramatiques. 1 vol.

PASCAL. Pensées, suivies d'une table analytique. 1 vol.

BOSSUET. Oraisons funèbres, Panégyriques et Sermons. 4 vol.

FÉNELON. Télémaque, avec des notes géographiques et littéraires, et les passages grecs et latins imités par Fénelon. 1 vol.

BOURDALOUE. Chefs-d'œuvre oratoires. 1 vol.

FLEURY. Discours sur l'histoire ecclésiastique, Mœurs des Israélites, Mœurs des Chrétiens, Traité des Études, etc. 2 v.

ŒUVRES DE JACQUES DELILLE, avec des notes de Delille, Choiseul-Gouffier, Feletz, Aimé Martin. 2 vol.

ESSAI SUR L'ÉLOQUENCE DE LA CHAIRE par le cardinal Maury. 1 vol.

ATLAS

Atlas de Géographie ancienne et moderne, à l'usage des colléges et de toutes les maisons d'éducation, dressé par MM. Monin et Vuillemin; recueil grand in-4, composé de 4 cartes parfaitement gravées et coloriées. Cet atlas comprend, outre les cartes ordinaires : *la Cosmographie, la France en 1789, l'Empire français, la France actuelle, l'Algérie; l'Afrique orientale, occidentale et méridionale,* et toutes les cartes de la *Géographie ancienne.* C'est, par conséquent, le plus *complet* et le plus exact de tous les Atlas *classiques* et le mieux adapté aux études suivies de nos jours dans l'enseignement universitaire. Prix, 12 fr.

Atlas classique de Géographie moderne (extrait du précédent), à l'usage des jeunes élèves des deux sexes; composé de 20 cartes. Prix : 7 fr. 50 c.

Atlas de Géographie élémentaire, *destiné aux Commençants* (extrait du précédent), composé de 8 cartes doubles : la mappemonde, les cinq parties du monde et la France. Prix, cartonné : 4 fr.

Atlas complet de Géographie universelle à l'usage des écoles primaires du premier et du second degré, par ***, composé de 23 cartes coloriées avec soin, format in-4, 6 fr.

Carte physique et politique de l'Algérie, indiquant les divisions administratives et militaires, la circonscription des territoires civils et les colonies agricoles, dressée d'après les documents les plus récents, par A. Vuillemin. 1 feuille colombier pliée en forme de volume, 2 fr.

Europe, en une feuille grand monde, revue par Klaproth, 4 fr.

France routière et administrative, réduite d'après Cassini et celle des ponts et chaussées. 1 feuille grand monde, 4 fr.

NOUVELLES CARTES ROUTIÈRES

DRESSÉES SUR LES DERNIERS DOCUMENTS, AVEC TOUS LES CHEMINS DE FER, PAR BERTHE

Format grand colombier. = Prix : 2 francs.

Europe routière, indiquant les distances des villes capitales des Etats de l'Europe.

France en 86 Départements.

Royaumes d'Espagne et de Portugal.

Empire d'Autriche, 1 feuille colombier.

Royaumes de Hollande et de Belgique.

Italie et ses divers Etats, en une feuille.

Royaumes de Sardaigne.

Confédération suisse, en vingt-deux cantons.

Russie d'Europe.

Grèce actuelle et Morée.

Turquie d'Europe et d'Asie.

Royaumes-Unis d'Angleterre, d'Ecosse et d'Irlande.

Royaume de Prusse.

Mappemonde.

Suède et Norwège.

Amérique méridionale.

Amérique septentrionale.

Asie, d'après Klaproth.

Afrique, ornée d'un plan de l'île Bourbon.

Océanie et Polynésie.

Egypte et Palestine.

Amérique méridionale et septentrionale.

PRIX DU COLLAGE, DES ÉTUIS ET DU MONTAGE

Demi-colombier, sur toile, avec étui en percaline anglaise....	»	90
Colombier, — — ...	1	50
— sur gorge et rouleau................	3	»
Grand-monde, sur toile, avec étui en percaline anglaise.....	2	50
— sur gorge et rouleau...............	4	50

Atlas historique, chronologique, généalogique et géographique, de A. LESAGE (comte de Las Cases). 1 vol. in-folio, demi-rel., dos de maroquin.

En 33 tableaux.	{ 1 tableau à 2 fr. . . . . 2 fr. » { 32 tableaux à 1 fr. 50 c. . . . . . . 48 » { Reliure. . . . . 6 »	}	56 fr. »
En 37 tableaux.	{ Composé des précédents, rel. compr. 56 » { Et de 4 tableaux supp. à 3 fr. 50 c. . 14 . »	}	70 fr. »
En 42 tableaux.	{ Composé des précédents, rel. compr. 70 » { Et de 5 cartes nouv. à 1 fr. 50 c. . 7 »	}	77 fr. 50

Tous les tableaux se vendent séparément.

TRAITÉ DE LA TYPOGRAPHIE

Par HENRI FOURNIER. 2ᵉ édition, corrigée et augmentée. 1 vol. in-18, 3 fr.

LA CLEF DE LA SCIENCE

Ou les phénomènes de tous les jours expliqués, par le docteur L.-C. BREWER. 1 vol. grand in-18 anglais de 500 p. 3 fr. 50 c.

GUIDE UNIVERSEL ET COMPLET DE L'ÉTRANGER DANS PARIS

Suivi d'une revue des environs de Paris et autres renseignements divers; par ALBERT-MONTÉMONT, membre de plusieurs sociétés savantes. 1 beau vol. in-18, orné de 23 jolies vignettes représentant les vues des principaux monuments, et d'un beau plan de Paris. 3 fr.

PARIS EN MINIATURE

Guide usuel du Voyageur à Paris. 1 vol. grand in-32, illustré de 23 gravures sur bois, avec un plan magnifique de Paris. 2 fr.

GREAT EXHIBITION

Guide for strangers visiting Paris, with 22 views and a Map of the capital (avec un magn. plan de Paris). 2 fr. 50 c., net 1 fr. 25 c.

NOUVEAU PLAN DE PARIS FORTIFIÉ

Et des communes de la banlieue, indiquant tous les changements actuels, dressé *selon les règles géométrales*, par A. VUILLEMIN, géographe, 1857, gr. sur acier avec le plus gr. soin par LANGEVIN. 1 feuille grand-monde (double colombier), 5 fr.

PARIS. — IMP. SIMON RAÇON ET COMP., RUE D'ERFURTH, 1.

Les CAUSES CÉLÈBRES, par A. FOUQUIER, sont publiées, à dater de 1857, par cahiers de 5 feuilles in-4° double, à deux colonnes de texte, avec gravures.

Il paraît, chaque année, cinq cahiers formant, réunis, un magnifique volume de 400 pages, orné de 80 à 100 gravures.

Prix du Cahier . . . . . . 1 fr. 25
— du Volume . . . . 5 „

Abonnement annuel : { Paris . . . . 6 fr.
Départements . . . . 7 fr.

DOUZE CAHIERS ONT PARU (mai 1858).

Cahier 1. — Les Chauffeurs. — Lacenaire.
Cahier 2. — Papavoine. — Mme Lafarge. — Verger. — Soufflard et Lesage. — Montcharmont.
Cahier 3. — De Praslin. — Damiens. — Louvel. — De Bocarmé.
Cahier 4. — Léotade. — Louis XVI.
Cahier 5. — Béranger (Chansons de). — Mingrat. — Contrafatto. — Fieschi, Morey, Pépin.
Cahier 6. — Capitaine Doineau. — Attentat du 14 janvier 1858.
Cahier 7. — Benoit le Parricide. — Donon-Cadot. — Curé Delacollonge. — De Jeufosse. — Pochon. — Braquet. — Ponterie-Escot.
Cahier 8. — Calas. — Sirven. — De La Barre. — Les faux Dauphins. — Sirey-Durepaire. — Sirey-Caumartin. — De Mercy.
Cahier 9. — Le Squelette de la rue de Vaugirard. — Mme Lacoste. — Louis de Marsilly. — Collet.
Cahier 10. — Cartouche. — Bande Lemaire. — Duel Dujarrier-Beauvallon.
Cahier 11. — De Marcellange. — Mme Levaillant. — Vve Morin.
Cahier 12. — Institutrice Doudet. — Le duc d'Enghien.

Paris. — Typographie de Firmin Didot frères, fils et Cie, rue Jacob, 56.

www.ingramcontent.com/pod-product-compliance
Lightning Source LLC
Chambersburg PA
CBHW070633170426
43200CB00010B/2008